本书为山东省社会科学规划高校思想政治教育研究专项：
《新时代高校外语课程育人体系建设创新研究》(21CSZJ11)的研究成果

新时代高校英语课程
育人体系建设创新研究

韩海英　著

南开大學出版社

NANKAI　UNIVERSITY　PRESS

天津出版传媒集团

天津科学技术出版社

图书在版编目（CIP）数据

新时代高校英语课程育人体系建设创新研究／韩海
英著.一天津：南开大学出版社：天津科学技术出版
社，2022.11
ISBN 978-7-310-06354-3

Ⅰ．①新… Ⅱ．①韩… Ⅲ．①英语－教学研究－高等
学校 Ⅳ．①H319.3

中国版本图书馆 CIP 数据核字（2022）第 227237 号

新时代高校英语课程育人体系建设创新研究
XINSHIDAI GAOXIAOYINGYUKECHENG YURENTIXI
JIANSHE CHUANGXINYANJIU

南开大学 出版社
天津科学技术出版社 出版发行

出版人：陈　敬　赵剑英
地址：天津市南开区卫津路 94 号　邮政编码：300071
营销部电话：(022)23508339　营销部传真：(022)23508542
http://www.nkup.com.cn

天津泰宇印务有限公司印刷　全国各地新华书店经销
2022 年 11 月第 1 版　2023 年 1 月第 1 次印刷
240×170 毫米　16 开本　8.5 印张　200 千字
定价：78.00 元

如遇图书印装质量问题，请与本社营销部联系调换，电话：(022)23508339

前　　言

　　立德树人是高等教育的根本任务,课程思政是落实立德树人根本任务的战略举措(《高等学校课程思政建设指导纲要》,2020)。高校外语教学是我国高等教育的重要组成部分,外语课程思政建设是新时代高校"大思政"育人体系不可或缺的一环。高校外语具有鲜明的跨学科特性,蕴含着丰富的课程思政教学内容,在落实立德树人根本任务方面具有得天独厚的优势。因此,外语教学应该立足学科特色,遵循语言教学与思政教育规律,在教学中给学生正确的价值观引导,帮助学生树立和培养文化自信、民族自信,充分发挥外语课程的思政育人功能,有效地实现全员、全程、全方位育人。

　　本书分为六个章节:第一章全面阐述了高校思政课程当前的情况,由此引出课程思政是思政课程改革的重要方法和途径,同时作者将高校英语课程教学与课程思政因素进行了融合,为下文的详细阐述做了铺垫;第二章介绍了高校英语教学中课程思政的必要性。通过对调查问卷的分析,从高校英语课程思政的现状出发,分析问题存在的原因,最后阐述高校英语教学课程思政的重要意义;第三章论述了高校英语教学中教师思政能力的提升。英语教学具有先进的教育理念,英语教师课程要从思政教学的现状出发,在改善当前问题的基础上,必须将两者相互融合,进而提升思政教学的能力;第四章介绍了高校英语课程思政教学的优化与设计。主要包括改革高校英语课程思政教学的模式,挖掘教材中的思政元素,构建教学质量监控与保障体系三方面的内容;第五章阐述了高校英语课程思政教学的方法和途径。主要介绍了混合式模式教学法、云平台和微课在高校英语课程思政建设中的应用。第六章主要论述高校英语思政课程的评价体系。分别从建立多元化的教师课程思政评价体系,构建课程思政背景下的学生形成性评价系统等方面进行阐述,最后探索混合式英语教学中的评价机制。

全书内容翔实,理论联系实践,立足新时代高校英语课程思政育人体系建设进行创新研究,落实高校立德树人的基本任务,完成时代赋予的育人使命。

本书在撰写过程中参考了大量的文献资料,在此向各位作者表示由衷感谢。由于本人学术水平有限,书中难免存在疏漏之处,敬请读者批评指正。

作者

2022 年 4 月

目　　录

第一章　课程思政概述 ……………………………………………… 1

　　第一节　高校思想政治教育现状分析 ……………………… 1

　　第二节　高校思想政治教育的新途径——课程思政 ……… 13

　　第三节　高校英语教学与课程思政元素的融合 …………… 18

第二章　高校英语课程思政体系建设的必要性 ……………… 24

　　第一节　课程思政在高校英语教学中的运用现状分析 …… 24

　　第二节　高校英语课程思政存在的主要问题及成因 ……… 28

　　第三节　实施高校英语课程思政的意义 …………………… 33

第三章　高校英语教学中教师思政能力的提升 ……………… 39

　　第一节　课程思政视域下高校英语教师教学现状 ………… 39

　　第二节　高校英语教师课程思政理念的转变 ……………… 41

　　第三节　高校英语教师课程思政能力提升的路径 ………… 47

第四章　高校英语课程思政教学模式的构建与实践 ………… 53

　　第一节　高校英语课程思政教学模式的改革 ……………… 53

　　第二节　高校英语课程教材中思政元素的利用 …………… 59

　　第三节　高校英语课程思政教学的实践研究 ……………… 65

　　第四节　高校英语课程思政教学质量监控与保障体系 …… 79

第五章　高校英语课程思政教学的方法与途径 ……………… 83

　　第一节　混合式模式下的高校英语课程思政教学探索 …… 83

　　第二节　云平台在高等院校英语课程思政教学中的应用 … 93

　　第三节　微课在高等院校英语课程思政教学中的应用 …… 101

第六章　高校英语课程思政教学综合评价体系的建构 ·················· 105

　　第一节　多元化的高校教师课程思政评价体系的建立 ············ 105

　　第二节　课程思政背景下学生形成性评价系统的构建 ············ 108

　　第三节　高校英语混合式教学中的评价机制研究 ·············· 114

参考文献 ···································· 118

附录 A ·································· 123

附录 B ···································· 126

第一章 课程思政概述

第一节 高校思想政治教育现状分析

一、我国高校思想政治教育课的设置

改革开放以来，特别是党的十三届四中全会召开以后，高等学校思想政治教育课教育教学取得了很大成绩。高等学校思想政治教育课在引导大学生坚定对马克思主义的信仰、对社会主义的信念，增强对改革开放和现代化建设的信心、对党和政府的信任等方面，发挥了重要的作用。新的形势对高等学校思想政治教育课教育教学提出了新的任务和要求。如何引导大学生正确认识当今世界错综复杂的形势，把握国际局势的发展变化和人类社会的发展趋势，如何引导大学生正确认识国情和社会主义建设的客观规律，增强在中国共产党领导下全面建成小康社会、加快推进社会主义现代化的自觉性和坚定性，如何引导大学生正确认识自身肩负的历史使命，努力成为德智体美全面发展的中国特色社会主义事业的建设者和接班人，是必须认真研究解决的重大而紧迫的课题。面对新的变化和新的情况，高等学校思想政治教育课教育教学还存在亟待解决的问题，如学科建设基础比较薄弱，课程内容重复，教材质量参差不齐，教学方式方法比较单一，教学的针对性、实效性不强，教师队伍数量不足，素质有待提高，缺乏优秀中青年学术带头人，一些学校不同程度地存在认识不足、重视不够、管理不到位的情况等。在新的形势下，要认真总结经验，解决存在的问题，进一步加强和改进高等学校思想政治教育课教育教学。

在此情况下，2004 年，中共中央、国务院发出《关于进一步加强和改进大学生思想政治教育的意见》，对思想政治教育提出新要求。2005 年，中共中央宣传部、教育部联合发文，颁发《〈中共中央宣传部教育部关于进一步加强和改进高等学校思想政治理论课的意见〉实施方案》，即思政课程体系"05 方案"。据"05 方案"，从 2006 年秋季学期起，全国高校在本科生中开设《马克思主义基本原理概

论》《毛泽东思想、邓小平理论和"三个代表"重要思想概论》《中国近现代史纲要》《思想道德修养与法律基础》四门理论课程，对高校学生进行思想政治教育。高校思想政治教育课是大学生了解认识马克思主义的主渠道。"05方案"的四门课程承担着不同的马克思主义理论教育任务。其中，《马克思主义基本原理概论》主要是通过讲授马克思主义基本原理，使学生从整体上准确理解和把握马克思主义的科学内涵和精神实质，并能够在此基础上，运用马克思主义的立场、观点和方法来分析和解决实际问题。《毛泽东思想、邓小平理论和"三个代表"重要思想概论》主要是讲授马克思主义中国化的理论成果，使学生充分认识到中国特色社会主义道路的正确性、中国特色社会主义理论体系的科学性、中国特色社会主义制度的优越性，进一步增强其道路自信、理论自信和制度自信。《中国近现代史纲要》通过开展中国革命、建设和改革开放的历史教育，帮助大学生了解国史、国情，使学生对近现代以来中国在抵御外来侵略、争取民族独立、推翻反动统治、实现人民解放和富裕的过程中，选择马克思主义、选择中国共产党、选择社会主义道路、选择改革开放的正确性和历史必然性有更深刻的领会。《思想道德修养法律基础》则对学生进行社会主义道德观和法治观念的教育，帮助学生运用学到的知识和理论，对当代中国社会和自己的人生问题进行精准分析和把握，使其成为具有良好道德品质、遵纪守法的社会主义合格公民。"05方案"通过运用马克思主义基本原理、中国化的马克思主义理论，设计指导大学生成人成才的课程体系，对学生进行马克思主义理论教育，使广大学生从整体上准确理解和把握马克思主义理论，掌握马克思主义的立场、观点和方法，并自觉将其作为行动的指南。

（一）指导思想

1. 用完整准确的马克思主义指导课程设置

坚持用马克思主义指导思想政治教育理论课程的设置，包含着两层意思：一是要始终坚持马克思主义理论的整体性，以完整准确的马克思主义指导思想政治教育理论课程的设置；二是要始终坚持用发展中的马克思主义特别是中国特色社会主义理论体系来指导思想政治教育学科建设。马克思主义基本原理是马克思主义科学理论体系中的基本内容，是马克思、恩格斯及其继承者们创立和发展的，经受了社会实践反复检验的，被证明为真理的科学原理。马克思主义是关于自然、社会和思维发展的一般规律的理论，由马克思主义哲学、政治经济学、科学社会主义等基本理论和基本观点组成。思想政治教育以具有十分完整而严密的理论体系的马克思主义为指导，其课程设置的过程也始终坚持马克思主义理论的整体性和系统性，力求将马克思主义理论所涵盖的人生观、价值观、世界观传授给当代大学生，用马克思主义、毛泽东思想和中国特色社会主义理论体系教育广大人民群众，培养有理想、有道德、有文化、有纪律的社会主义新人。

2. 坚持以中国特色社会主义理论体系指导课程设置

从现有的思想政治教育课程来看，思想政治教育坚持以一脉相承和与时俱进相统一的中国化马克思主义理论指导学科建设，尤其是用中国特色社会主义理论来指导课程设置。党的十八大报告强调，全面建成小康社会，加快推进社会主义现代化，实现中华民族伟大复兴，必须坚定不移地走中国特色社会主义道路；中国特色社会主义道路是实现途径，中国特色社会主义理论体系是行动指南，中国特色社会主义制度是根本保障，三者统一于中国特色社会主义伟大实践。党的十九大报告再次强调，全党全国各族人民要紧密团结在党中央周围，高举中国特色社会主义伟大旗帜，锐意进取，埋头苦干，为实现推进现代化建设、完成祖国统一、维护世界和平与促进共同发展三大历史任务，为决胜全面建成小康社会、夺取新时代中国特色社会主义伟大胜利、实现中华民族伟大复兴的中国梦、实现人民对美好生活的向往继续奋斗。通过科学的课程设置，加强对社会主义事业接班人的思想政治教育，增强他们对中国特色社会主义的理解和领会。党的二十大继续将"全面推进课程思政，努力培养时代新人"作为社会主义现代化建设的目标，加大力度培养社会主义建设的接班人。

（二）课程内容

思想政治教育内容是根据一定的教育目的和社会要求，结合受教育者的思想实际，经教育者选择设计后，有目的、有计划、有组织地为受教育者传授具有价值引导功能的思想政治信息。思想政治教育理论课程的具体课程内容是根据思想政治教育的任务、要求及教育对象精神世界的发展和思想实际的多样性确定的。思想政治教育理论课程的各种内容之间按照特定的层次结构互相联系、互相作用，构成了思想政治教育理论课程内容体系。这一体系包括世界观教育、政治观教育、人生观教育、法制观教育和道德观教育五部分。

1. 世界观教育

世界观教育指的是对学生进行辩证唯物主义、历史唯物主义和马克思主义认识论的教育。辩证唯物主义是马克思、恩格斯创立的关于自然界、人类社会和思维发展的一般规律的科学。进行辩证唯物主义教育，就是要引导学生理解和掌握辩证唯物主义的基本观点，并运用这些观点认识、分析和解决问题。进行辩证唯物主义教育，以辩证唯物主义观点引导学生认识世界，有利于学生用正确的观点和科学的方法看待现实社会发展的趋势，坚定对中国特色社会主义的信仰；有利于学生用正确观点看待改革发展进程中出现的种种问题，坚定对党的信任；有利于学生明确自身在解决这些问题、推进中国特色社会主义事业进程中担负的历史责任。

进行马克思主义认识论教育，就是引导学生理解和掌握马克思主义认识论的基本观点，不断提高学生们认识世界和改造世界的能力。进行马克思主义认识论教育，可以帮助学生充分把握认识和实践的辩证统一关系，使其在日常实践中坚持一切从实际出发，在实践中检验真理和发展真理，通过自身实践不断进行理论和实践创新；帮助学生把握和认识发展规律，学会运用归纳与演绎、分析与综合、从抽象上升到具体、历史与逻辑相统一等辩证思维的科学方法；帮助学生树立正确的真理观，把握真理与价值的关系，坚持真理尺度和价值尺度的辩证统一。

2. 政治观教育

政治观教育指的是对学生进行基本国情，党的基本理论、基本路线、基本纲领和基本经验以及民族精神和时代精神的教育。进行基本国情教育就是帮助学生深入理解社会主义初级阶段的科学含义；帮助学生科学认识社会主义初级阶段的基本特征，特别是当前我国发展呈现出的新的阶段性特征；帮助学生认清我国长期处于社会主义初级阶段的形势；帮助学生认识和把握新时代中国特色社会主义初级阶段的主要矛盾。

进行党的基本理论、基本路线、基本纲领和基本经验教育就是帮助学生深入理解和把握党的基本理论、基本路线、基本纲领和基本经验的内容和精神实质；帮助学生坚定坚持党的基本理论、基本路线、基本纲领和基本经验的信念和决心；引导学生在中国特色社会主义建设伟大实践中不断丰富和发展党的基本理论、基本路线、基本纲领和基本经验。进行民族精神教育就是要培养学生对中华民族的强烈认同感和归属感，培养学生良好的道德品质，养成良好的行为习惯。在当前和今后的一段时期，民族精神教育的重点内容由三方面内容组成：第一，国家意识教育，即国家观念、国情意识、国家安全和国家自强教育；第二，文化认同教育，即民族语言、民族历史、革命传统和人文传统教育；第三，公民人格教育，即社会责任、诚信守法、平等合作、勤奋自强教育。对学生进行时代精神教育主要有弘扬和培育时代精神两条路径。在进行教育的过程中，坚持解放思想、与时俱进的时代精神，教育学生居安思危、奋发图强，勇于创新、昂扬向上、锐意进取、勇往直前，通过自身实践弘扬时代精神，在新时代中国特色社会主义建设中，交出一份使人满意的答卷。

3. 人生观教育

人生观教育是指对学生进行理想信念、人生价值观和生命价值观的教育。历史和现实都证明，中国共产党团结和带领全国人民开创的中国特色社会主义道路，是实现中华民族伟大复兴的中国梦的唯一正确道路。因此，牢固树立走中国特色社会主义道路的信念理所当然成为学生进行人生观教育的重要内容。人生观教育即教育学生坚定理想和信念，坚定民族复兴的信心，树立为民族复兴、国家富强奋斗的远大志向，为实现中华民族伟大复兴的中国梦不懈奋斗。

进行人生价值观教育就是引导学生树立正确的人生价值目标，从自身实际条件出发，确定个人价值目标；引导学生客观、真实、正确地进行人生价值评价，做到能力大小与贡献相统一、物质贡献和精神贡献相统一、完善自身与贡献社会相统一；使其意识到实现人生价值要从客观条件出发，不断提高自身素质和能力，艰苦奋斗，在实践中实现和创造自身人生价值。

生命价值观指的是个人对生命价值问题持有的根本看法和态度，同时也是个人的生活态度和生活理想。一个人是否具有正确的生命价值观，对其生命质量及其发展有重要影响，也在一定程度上对社会发展产生影响，因此加强生命价值观教育，引导学生理性地认识、尊重、珍爱、欣赏生命是人生观教育的重要组成部分。

4. 法治观教育

法治观教育指的是对学生进行社会主义民主、社会主义法治和遵守纪律的教育，帮助学生理解和把握社会主义民主的本质和内涵，培养学生的民主意识和政治参与能力是社会主义民主教育的重要内容。社会主义法治教育则通过普及法律知识，培养学生的法治观念、提高学生运用法律的能力并使他们养成法律习惯。遵守纪律教育则是引导学生正确认识纪律与自由之间的辩证关系，使学生能够自觉遵守纪律。

为了达到建设社会主义法治国家的伟大目标，必须加强社会主义法治教育，使全体高校学生树立法治意识。对学生进行社会主义法治教育，主要抓以下四方面内容：一是全面普及法律知识，这是因为掌握法律知识是学生得以树立法治意识，进行法律实践的前提和基础；二是培养广大学生的法治观念，帮助受教育对象树立符合当下时代精神的社会主义法治观念；三是使学生形成法律思维，提高其运用法律的能力，以使其能够更好地用法律来指导自己的工作和生活；四是着重培养受教育者讲法律、讲证据、讲程序、讲法理和依法办事的行为习惯，促使学生养成法律习惯，自觉守法。

开展遵守纪律教育就是引导学生正确认识纪律和自由的关系，培养学生的纪律观念，帮助学生养成自觉遵守纪律的习惯，提高学生遵守纪律的自觉性，使其在日常工作、学习和生活中自觉地用纪律来约束和规范自己的行为。

5. 道德观教育

道德观教育指的是对学生进行集体主义、社会公德、职业道德和家庭美德的教育。《公民道德建设实施纲要》明确说明了如何进行道德观教育。

进行集体主义教育是教育者有目的、有计划、有组织地引导受教育者树立集体主义观念、增强对集体的强烈情感、形成良好的集体主义行为习惯。集体主义教育的主要目的是帮助学生正确认识集体主义、培养集体主义情感和形成良好的集体主义行为习惯，引导学生们在学习、工作和生活中，正确处理国家、集体、个人之间的利益关系。

进行社会公德教育就是要大力倡导以文明礼貌、助人为乐、爱护公物、保护环境、遵守法纪等为主要内容的社会公德，鼓励学生做合格公民；努力提高教育对象的科学文化素质、人文素质和心理素质；建立全方位的社会公德教育体系，营造有利于社会公德教育的氛围。

随着时代的进步和发展，社会对于人才的职业道德要求越来越高，职业道德教育的必要性日益显现。首先，进行职业道德教育即加强学生的职业道德意识教育，使全体学生具有明确的职业道德意识。其次，加强职业道德规范教育，引导即将从事社会各项职业的学生从工作实际出发，自觉遵守道德规范，提高自身的职业道德水平和素养。最后，加强职业道德行为的引导。这是进行职业道德教育的关键，是职业道德教育的最终落脚点。

进行家庭美德教育就是大力倡导以尊老爱幼、男女平等、夫妻和睦、勤俭持家、邻里团结等为主要内容的家庭道德，教育引导学生正确对待和处理家庭问题，正确认识爱情、亲情、友情。这不仅关系到每个家庭的美满幸福，更关系到社会的安定和谐。

(三) 教学方法

思想政治教育活动丰富多彩、形式多样，每种活动或形式都有相应的方法。常见的思想政治教育的方法有理论教育法、实践锻炼法、榜样示范法、自我教育法、比较鉴别法和咨询辅导法。

1. 理论教育法

理论教育法又称理论灌输法，是教育者有目的、有计划地向受教育者讲授马克思列宁主义、毛泽东思想和邓小平理论，帮助受教育者逐步树立科学世界观的教育方法。其基本依据是马克思主义灌输理论。在思想政治教育中运用理论教育法，必须讲求科学性，注意运用的具体条件。首先，必须正确把握"灌输"的内涵。"灌输"是一个中性概念，不能将其理解为不讲方法、简单生硬、强行硬灌，应当采用有利于受教育者接受的形式和方法。其次，教育的过程中，应注意理论与实际的关联，既要联系社会生活实际来引导教育对象运用马克思主义立场、观点和方法观察问题、分析问题和解决问题，更要联系学生的思想实际，强调引导的针对性，坚持正面引导，以理服人。最后，思想政治教育者应该坚持提高自己的理论水平和实践能力，即应完整准确地理解马克思主义理论的精神实质，坚定不移地践行社会主义核心价值观，率先垂范，始终做到言行一致。

2. 实践锻炼法

实践锻炼法是指思想政治教育者有目的、有计划地组织、引导受教育者参加各种社会实践活动，促使受教育者在实践中形成良好的思想品德和行为习惯的方法。马克思主义认识论和实践观认为，社会实践是人的思想形成发展的源泉和动力，也是检验人的思想是否正确的唯一标准。各种形式的社会实践活动是教育对象形成正确的世界观、人生观、价值观的重要途径，对其思想品德的培养具有举足轻重的作用。

运用实践锻炼法应注意以下几点：第一，受教育者的年龄特点、职业特性、个人思想实际、具体的教育目的和教育内容都决定着实践锻炼的具体方式的选择。因此，在开展实践锻炼教育的过程中，应综合考虑教育对象的实际，选择恰当的实践锻炼方式；第二，要坚持开展实践锻炼活动，一次两次的实践活动对受教育者思想品德的影响是有限的，必须坚持不懈地开展经常性的思想政治教育实践活动，使受教育者在反复的实践锻炼中不断提高认识，进而将品德规范内化为自身信念，形成良好的思想品德，养成良好的行为习惯。第三，建立稳定的社会实践活动基地，为受教育者的实践锻炼创造良好条件。稳定的社会实践基地能保证实践锻炼的系统化、经常化、制度化，可有效避免"蜻蜓点水""走马观花"等，促进实践锻炼活动循序渐进、扎实稳定，从而取得更好的实效。

3. 榜样示范法

榜样示范法又被称为典型示范法，目的在于引导教育对象提高自身思想认识、规范自身行为。榜样示范法一般通过具有典型意义的人或事来达到榜样示范、警示警戒的作用。运用榜样示范法，必须遵循以下具体要求。

首先，选择和运用榜样示范必须遵循实事求是的原则。榜样的选择一定要兼具先进性和真实性，对学生而言，真实性的榜样有亲近感，更容易接受，同时还要杜绝任意拔高和添枝加叶，不要让榜样的形象高不可攀，最终影响了教育效果。其次，条件允许的情况下，尽量让榜样人物现身说法。亲身接触总比看材料来得真实，也更有亲近感。让先进人物现身说法，会产生更强的感染力和说服力，产生更好的示范作用。

再次，注意通过多种途径和方式开展榜样示范教育。积极采用新时代现代化的教育手段，充分利用传统媒体和新媒体来宣传典型，特别是注意运用新媒体来传播正能量，从而强化榜样示范的效果。在宣传过程中，要注意运用多媒体技术来塑造、呈现榜样形象。最后，应注意运用正反两方面的典型来开展教育。单方面的教育强度过大，就会使教育内容显得单调，最终影响教育效果。因此，在教育过程中，既要大力弘扬、宣传正面典型，也要善于利用反面典型进行教育，同时发挥典型示范效应和威慑警示作用。

4. 自我教育法

自我教育法是指受教育者在思想政治教育者的引导下，通过自我学习、自我修养、自我反思等多种方式，自觉接受符合当今社会和时代要求的社会主义思想观念、价值观点、道德规范，从而提高自身思想道德素质。自我教育可以分为个体自我教育和集体自我教育两种类型。

运用自我教育法并不意味着教育者放弃责任，相反，自我教育法对教育者提出了更高的要求。首先，教育者应善于激发受教育者发展精神世界的需要，鼓励受教育者进行自我教育，鼓励教育对象积极向上，帮助他们形成以自我发展、自我完善为指向的动机系统，为自我教育提供不竭的动力源泉。其次，教育者要大力营造自我教育的良好氛围。良好的氛围对学生有效地进行自我教育至关重要。教育者可通过多种形式的活动，为受教育者进行自我教育提供条件，营造氛围，使其更自觉地进行自我教育，提高教育对象自我教育的能力和实效。最后，教育者要注意引导教育对象，使其将个体自我教育和集体自我教育有机结合，在加强集体建设，增强集体凝聚力的同时，在集体生活和集体活动中，积极引导教育对象个体进行自我教育。

5. 比较鉴别法

比较鉴别法，顾名思义是指在使用该方法的过程中，思想政治教育者对两个及两个以上事物的特性进行对比，得出正确的结论，提高教育对象的思想和认识水平。比较鉴别法一般可分为异质比较和同质比较两类。无论是哪一类、哪一种形式的比较，都应注意：第一，所比较的对象应具有可比性，即要选择在性质或特点方面有某种联系的人和事物进行比较，使比较具有客观性和科学性；第二，要注意进行全面动态的比较。现实的人和事物往往具有多面性且在不断发展变化，只有进行全面的比较，才能使比较鉴别真正发挥教育作用；第三，要运用多种形式进行比较，注意比较鉴别的生动性。比较不仅可以通过文字进行，也可以借助多媒体等先进技术手段进行，以使比较生动直观，更具吸引力，从而增强比较鉴别的教育效果。

6. 咨询辅导法

咨询辅导法是指思想政治教育者凭借专业知识和经验，为教育对象提供专业的解答和系统的问题解决方案，侧重于通过专业教师的智力劳动，为学生提供有效的问题解决路径，通过语言、文字等形式与受教育者进行沟通交流，为其提供帮助、启发和引导。

咨询辅导法是进行思想政治教育的重要方法之一。在运用这一方法解决问题时需要注意：第一，教育者（咨询者）和教育对象（被咨询者）之间应建立良好的关系，进行良性互动。建立有效咨询关系很重要的一点就是信任，只有这样，咨询才能进行，才能保证咨询的信息的真实程度，从而提高咨询效果；第二，教育者（咨询者）要坚持保密原则，以便更好地取得被咨询者（教育对象）的信任，使其更好地配合咨询辅导活动。教育者要加强与教育对象之间的沟通，以更好地解决被咨询者（教育对象）遇到的思想和心理问题；第三，教育者应持续保持并提高自身素质以及运用咨询辅导技术的能力，通过加强专业学习，努力提高自身素质和咨询辅导能力，以便为受教育者提供更加专业和更高水平的服务。

（四）评价体系

当前，对高校思想政治教育课教学质量做出科学评价，是促进高校思想政治教育课深入、可持续发展的一项重要任务。科学评价高校思想政治教育课教学质量，须坚持方向维度、理论维度、转化维度和服务维度。

1. 方向维度

对于高校思想政治教育课教学质量进行评价坚持的方向维度主要是指在思想政治教育课教学中，是否坚持将马克思主义作为教育的指导思想，是否坚持运用马克思主义理论对学生进行系统教育，是否坚持将引导和帮助教育对象树立马克思主义三观作为教育目的。这是由高校思想政治教育课的性质和任务决定的。思想政治教育课应帮助教育对象树立正确的世界观、人生观、价值观，体现社会主义大学的本质要求。

马克思主义是中国共产党领导全国人民团结奋斗，实现伟大梦想的思想基础。对大学生进行思想政治教育的主渠道是思想政治理论课。因此，思想政治教育课教育教学是否坚持了方向维度，决定了高等教育能否培养出"合格"和"可靠"的中国特色社会主义事业所需人才，是关系到中国梦是否顺利实现，中国特色社会主义事业能否兴旺发达、后继有人的大事。

2. 理论维度

对高校思想政治教育课教学质量进行评价的理论维度是指在思想政治教育课程中，将是否注重和善于向学生传授马克思主义理论，以及通过教育者的讲授，学生是否可以正确接受、认同并内化马克思主义理论等作为评价的重要指标。

把理论维度作为评价的重要维度，是由这门课程的时代使命和个人品德形成和发展的规律性决定的。马克思主义理论虽然具有科学真理性，但人们只有通过被教育，基本了解和掌握了马克思主义理论知识后，才能有效运用马克思主义来分析和解决实际问题。马克思主义理论知识是信仰和践行马克思主义的前提和基础，因此，将是否注重和善于向学生传授马克思主义理论，以及通过教育者的讲授，学生是否可以正确接受、认同并内化马克思主义理论作为评价的重要指标是十分必要的。

3. 转化维度

对高校思想政治教育课教学质量进行评价的转化维度是指将大学生是否以及在多大程度上把思想政治教育课的教学内容转化为其意识体系的一个组成部分，并外化为相应的行为和持续行为习惯，作为评价该课程教学质量高低的重要标准。思想政治教育课的特性和马克思主义理论的性质决定了转化维度必须成为评价体系的重要组成部分。

思想政治教育本身具有强烈的意识形态特征。我们需要用马克思主义武装当代大学生。因此，大学生是否能够运用马克思主义的原理与方法去正确观察、理解、评判历史与现实、能否运用马克思主义原理解决问题、大学生的行为表现是否符合马克思主义基本原理，都是评价思想政治教育课教学质量的重要标尺。

4. 服务维度

对高校思想政治教育课教学质量进行评价的服务维度指把思想政治教育的目标和实际是否着眼于服务教育对象的思想素质的提高、思想和心理问题的解决作为评价的重要指标。这是对思想政治教育课教育者提出的更高维度的要求。服务维度是遵循心理学的基本原理，贯彻落实"以人为本，科学发展"教育理念的具体实践。思想政治教育者开展教育活动的时候，只有围绕教育对象的思想和心理需求，满足其实际需求，得到教育对象的认可，教育对象才有意愿将思想政治教育课的教学内容消化吸收为自身精神世界的组成部分，并通过一定程度的实践活动外化。因此，服务维度是对思想政治教育理论课教学质量衡量的有效标尺。

二、目前高校思想政治教育效果分析

近年来，高校思想政治教育在社会各界的高度重视和高校思想政治教育工作者及全体学生的共同努力下，取得了明显的成效。当下大学生的主流思想道德状况是积极、健康、良好的。由于社会的复杂性，大学生的思想道德状况出现了一些难以避免的问题。

（一）目前高校思想政治教育取得的成果

1. 大学生的思想素质不断提升

据多种思想政治教育实效性研究资料显示：在选择如何处理个人与社会的关系上，超过70％的大学生认为应该"正当索取，积极奉献"，少部分大学生主张"奉献与索取并重"；在面临"人生价值标准"的选择时，大多数大学生首先看重对社会贡献的大小，少部分同学选择获得知识的多少，只有极少数的人把拥有金钱的多少作为衡量人生价值的尺度。通过研究可以发现，当今大学生的三观主流是摆正位置、积极向上的，他们愿意并且可以正确处理好个人与社会的关系，乐于为社会做出应有的贡献，实现个人应有的人生价值。

2. 大学生的政治立场总体坚定

多项调查显示，目前希望加入中国共产党并积极争取入党的学生占学生群体的绝大多数。同时，大学生充分肯定我国改革开放40余年来取得的伟大成就，并且为国家取得的伟大成就感到自豪。大学生对于党和国家的路线、方针、政策比较熟悉，对于党的理论了解较深刻。作为祖国未来希望的当代大学生乐意并且积极参与社会热点话题讨论，具有高度的政治热情，时刻关心着国家的前途和民族的命运。绝大多数大学生对于敌对势力的意识形态攻击有较为清醒的认识，能够自觉地在一定程度上抵制不良思想的侵蚀。

3. 大学生的道德素质得到提高

目前，大部分高校学生组织均定期举办义工活动，活动参与程度高，学生反响热烈，体现了当代大学生的甘于奉献和乐于助人；伴随新媒体的发展，社会上各种"最美"人物事件的讨论中，高校学生占据了参与者的很大比重；与此同时，这些现象也在潜移默化地带动高校学生提高自身的道德修养，使其在思想上要求进步，在行动上严格要求自己。

4. 大学生的成人成才愿望迫切

据近几年高校学生思想政治状况滚动调查研究显示，现代大学生对与自己成长息息相关的事物具有较强的求知欲。很多学生会利用课余时间进行自我提升，如参加各类学术讨论、会议或者竞赛等，提升自己的综合素质。这些都体现了当代大学生为自身的成长成才进行了不懈努力。除此之外，比较浓厚的校园教育氛围也为大学生全面、健康、和谐的发展提供了充足的条件。

（二）目前高校思想政治教育存在的不足

在大思政的背景下，纵观高校思想政治教育课对大学生的思想政治教育效果可以发现，高校学生的思想政治教育在教育效果、教育效益以及教育效率方面还有很大的提高空间。

1. 教育效果与学生的受教育愿望存在差距

思想政治教育的目的是培养人，学生接受思想政治教育的动机就是希望通过思想政治理论的学习，完善自身，努力使自己成为有理想、有道德、有文化、有纪律的"四有"新人，成为社会主义合格的建设者和接班人，实现自身价值。但目前高校对学生的思想政治教育还主要停留在传统的教育方式上，工作方式比较单一，思想政治教育形式缺乏创新，没有做到以学生精神需要为中心。学生群体庞大、教师精力有限等客观条件也使得"因材施教"具有一定困难，无法进行有针对性的思想政治教育辅导。这些因素都导致高校难以提供学生真正所需的思想政治教育，使教育效果大打折扣。

2. 教育效益、教育效率与社会需要存在差距

有关调查显示，虽然大学生的思想道德状况整体积极向上，但与社会对新时代青年的要求还存在差距。目前仍有许多大学生存在知行不一致的现象，其行为不符合社会需要。这群人往往明白应该怎样正确地行事，但行为与认知仍出现偏差。同时，很多学生在不同环境下的行为表现也有所不同：有旁观者和没有旁观者的表现出现偏差，校内、校外的表现出现偏差，面对不同相处对象的表现出现偏差，等等，使得他们的思想政治教育表现结果与社会需求格格不入，降低了思想政治教育的实效性。

3. 教学手段未能与时俱进

目前的思想政治教育课还是以课堂讲授为主，辅以少许调查等教学实践，甚至有部分教师仅仅是照本宣科。这样的教学手段陈旧，不能满足新时代大学生对思政课教学的要求，学生上课昏昏欲睡，教师的教学积极性也受到很大影响。教学手段陈旧，教学效果得不到体现，高校对思想政治理论课的重视程度不高等，最终影响了思想政治理论课的教育效果。

第二节 高校思想政治教育的新途径——课程思政

《大学》有云:"大学之道,在明明德,在亲民,在止于至善。"中国传统教育向来注重教育"成"人功能的实现。这里"成"人的含义是指使受教育者成为一个有道德的圣人,明辨是非,知书达理,能以极高的道德标准来要求自己。传统教育学之父赫尔巴特也指出:"道德普遍地被认为是人类的最高目的,因此也是教育的最高目的。"由此可见,古今中外的教育理念都把育人育德的思想政治教育摆在教育的核心地位。

一、课程思政的内涵

近年来,"课程思政"已成为我国高等院校思想政治工作的新词、热词,并逐渐发展成为我国高等院校教育教学改革创新的着力点、增长点。在教育部颁布《高等学校课程思政建设指导纲要》后,全国高等院校加快"课程思政"建设的步伐,不断完善和优化思想政治教育课程体系,实现了思想政治工作在新时代的创新与发展。因此,厘清"课程"与"课程思政"的本义,是深入剖析中国高等院校"课程思政"建设的必要性、理论基础、主要内容、现状、策略及改革趋势的基石。

(一)课程界定

从字面上看,课程思政由"课程"和"思政"两个词语组成,其中"思政"是中心词,"课程"是修饰语。"思政"是对"思想政治教育"的简称,专指"思想政治教育"这种社会实践活动。"课程"是指学校学生所应学习的学科总和及其进程与安排,"课程"是对教育目标、教学内容、教学活动方式的规划和设计,是教学计划、教学大纲等诸多方面实施过程的总和。广义的课程是指学校为实现培养目标而选择的教育内容及其进程的总和,它包括学校老师所教授的各门学科和有目的、有计划的教育活动。狭义的课程是指某一门学科。从理论上来说,课程思政里的"课程"应包括高校所开设的所有课程,既包括理论课程,又包括实践课程;既包括显性课程,又包括隐性课程。但其与"思政"相连时,则类似于教育学所谓的"学科德育",即在学科课程教学中渗透德育,依托或借助各课程思政在实践中的另一种思路是依托各学科课程,以强化思政教育为目的,各学科有意识地引进思政教育内容并自觉与思政课程进行同步教学,从而对思政教学起到协同促进作用,并最终将高校的思政教育落到实处。这些课程包括综合素养课程和专业教育课程：前者具体包括通识教育课和公共基础课；后者具体包括哲学社会科学课程和自然科学课程。"课程思政实质是一种课程观，不是增开一门课，也不是增设一项活动，而是将高校思想政治教育融入课程教学和改革的各环节、各方面，实现立德树人润物无声。""课程思政在教育理念层面的突破，集中体现在将所有课程的教育性提升到思政教育的高度，表明课程教学目标之首要是正确人生观、价值观的养成。"课程思政要具有明确的政治要求和战略意义，因而，课程思政实际上是课程德育的升级版，是对课程德育的政治提升，是高校保证正确办学方向、掌握党对高校思想政治工作主导权的重要途径。2020 年 5 月，教育部为全面推进高校课程思政建设，专门印发了《高等学校课程思政建设指导纲要》，旨在发挥好每门课程的育人作用，提高高校人才培养质量。这里的课程思政就不是指某一门单独的课程，而是指将思想教育内容嵌入多门课程中。这种课程观也是本书中使用的课程思政的核心含义所在。

二、课程思政的构成

在社会主义现代化建设中，思想政治教育工作承担着重要的责任。它也是为实现中华民族伟大复兴的中国梦而需要完成的基本工作。思想政治教育课程将马克思主义理论同中国社会主义建设实践紧密结合，将德育工作与中国特色社会主义理论、中华民族优秀传统文化紧密结合，体现了思想政治教育工作的方向和宗旨。但是，仅仅有思想政治教育课是远远不够的。苏霍姆林斯基曾指出："学生在学校所学习的自然、社会思维方面的知识是世界观和正确道德行为的基础。"苏格拉底和柏拉图指出："善的教授是一种唤起而不是一种直接的教学。"这恰恰说明，对学生进行思想政治教育不能只抓思想政治教育课程而忽视其他课程以及校园文化的思想政治教育功能，健康的、成功的思想政治教育理应是各类科目携手并举，共同发挥思想政治教育功能，使其达到一加一大于二、一加二大于三的效果，这才是课程思政的意义所在。因此，在实际操作中，要把握课程思政与思政课程的协同育人效应，实行课程思政中的"专业教育课""综合素养课"和"第二课堂"三位一体的育人新模式。

(一)专业教育课

专业课程以技能知识专业化为主要特征。实现专业课的思想政治教育作用，应该做到以下三点：一是根据自然科学和哲学社会科学课程的不同特性，分别挖掘两者蕴含的思想政治教育资源；二是从教学目标、教学内容和环节、教学策略与方法、教学资源分配等多方面考虑，制订较为完善的试点方案，编写具有相对权威性的教学指南；三是在试点基础上，从贯穿教学全过程的各个方面提出建设性意见。

高校专业课涵盖的丰富的思想教育元素是大学生思想政治教育的重要内容。提高思想政治教育与专业课程教学的融合程度，以专业教学特别是以教学实践环节作为重要思想政治教育渠道，不仅能够对大学生进行更为有效的思想政治教育，还能够深化教育教学改革，拓宽学科应用范围，最大程度发挥专业课程的育人作用。要做到这一点，必须做好以下四个方面的工作。

一是深入挖掘专业学科中蕴含的思想政治教育内容，精心研究设计课程教学的各个组成部分，有针对性地做好提高学生的思想政治素质，培养其积极向上等方面的相关准备；二是悉心教授专业知识，建立和完善学生的知识结构体系，让学生明白踏踏实实的专业学习是立足之本，明白将专业知识转化为成果是回报社会的基础，使其确立人生前进方向；三是注重培养教师的自我效能感，提高教师在教育教学过程中的自信，通过教师向学生传递肯定的信息，强化学生的成就动机，实现培训效果最大化；四是将实践能力考核标准精细化，提高实践能力评价的权重，鼓励和引导大学生重视实践，经受锤炼，为大学生在综合能力方面实现较大突破提供政策支持。本书所论述的英语教学中的课程思政，就是从语言学科的角度挖掘思想政治教育素材，融思想政治教育于英语教学之中的尝试与探讨。

（二）综合素养课

作为思想政治教育隐形阵地的综合素养课，主要由通识教育课和公共基础课组成。对学生进行思想政治教育，在知识传授中重视主流价值的引领作用，将思想政治教育贯穿于综合素养课教学的全过程，将教书育人的内涵落实于课堂教学这一主渠道之中。在课堂教学中，既注重在价值引领中提炼知识内涵，又注重在知识传播中突出价值传播；引导学生提高学习知识的能力，熟练掌握运用待人处事的技巧，使其养成良好的品格，使课堂教学过程成为引导学生形成系统的知识体系、坚定意志心志、养成优良品性的过程，充分凸显课堂教学在育人方面的成效，实现育人效果最大化。综合素养课程在课程思政中的作用在于通过通识教育，根植理想信念，坚定课程思政的政治方向和思想引领，彰显综合素养课程的意义、使命，以潜移默化的方式将科学的价值观和健康的理想信念有效传导给学生。

（三）第二课堂

第二课堂是相对课堂教学而言的。课堂教学是依据教学大纲要求，在规定的学时内，由教师给学生传授知识和技能的全过程；而第二课堂是指在课堂教学以外的时间进行的相关的教育教学活动。它形式多样、时空范围广，内涵、外延和深度、广度都是课堂教学所不能比拟的。因此，决不能忽视第二课堂的思想政治教育功能。高校在课程思政实践过程中，要把"立德树人"作为根本导向，科学设计载体，创新工作举措，将第二课堂与课堂思政有机结合，建立立体化的思想政治教育工作体系。

高校应该建立课堂思政和第二课堂思想政治教育的协同机制并使之有效运行，细化目标管理，明确育人责任；同时建立健全第二课堂思想政治教育制度和后勤保障制度，并建立相应评价系统和激励机制；依托校园文化和各类学生群团组织，打造"一院一品"文化品牌，搭建主题社会实践活动平台，探索重大事件思政和节日思政，利用好"互联网＋"新型媒体等第二课堂思想政治教育载体，以文化人，以习育人，使大学生的思想道德素质教育能够内化于心，外化于行。

三、课程思政的特点

(一)综合性

课程思政充分体现过程的综合性。办好中国特色社会主义大学，要坚持立德树人，把培育和践行社会主义核心价值观融入教书育人全过程，从国家思想战略的角度出发，从高等教育的本质要求出发，着力将思想政治教育贯穿于高校教学全过程，同时将教育的内涵融入课堂教学的主渠道。课程思政具有内容的综合性。课程思政的提出，旨在构建集思想政治教育理论课程、综合素质课程和专业教育课程于一体的立体化课程体系，从而形成全方位、多角度、"熔炉式"的思想政治教育课程模式。课程思政具有主体的综合性。课程思政的开展不仅需要全体教师的投入，还需要高校党委的充分重视，以摆脱思想政治教育的"孤岛"困境，真正实现"全员、全过程、全方位"教育。

(二)创造性

课程思政理念的创新特征体现在强化"两个重点"教学模式的创新，即注重知识在价值传播中的凝聚力，注重知识在传播中的价值导向。在从思政课程转向课程思政的过程中，既要确立思想政治教育课在社会主义核心价值观教育中的核心地位，以马克思主义和中国特色社会主义理论统领各个学科和各门课程的培养方案、教材编写以及教育教学全过程，又要充分发挥其他课程在思想政治教育中的教育价值，让思想政治教育在专业课程中得到具体体现，并贴近学生实际生活，激发学生兴趣，潜移默化地增强思想政治教育实效，最终从战略高度实现思想政治教育课、综合素养课、专业教育课三者的有机结合，突出显性教育和隐性教育的融合，实现从思政课程向课程思政的创造性转化。

（三）渗透性

课程思政的渗透性主要体现在两方面：首先是在改革思想中有所体现，一是明确高校各门课程具备的育人功能，强调高校党委的主体责任，以及所有教师承担的育人职责；二是探索各类课程涵盖的思想政治教育资源，逐步制订专业人才培养计划。其次在改革框架和路线图上有所体现，课程思政的目标是构建思想政治教育课、综合素养课、专业教育课的三位一体格局。根据思想政治教育课、综合素养课及专业教育课的功能定位，引导试点高校井然有序、稳扎稳打地进行改革。实施课程思政教育不是增加课程或活动，而是将思想政治教育渗透到整个教学过程中，以潜移默化、润物无声的方式达到德育和教育的目的。

四、课程思政的功能

在高校开展思想政治教育工作的过程中，牢牢把握课程思政的价值内涵，系统规划课程思政的生成路径，对于高校坚持课程思政具有重要的现实意义，即坚持社会主义办学方向，全面培养德才兼备的人才。课程思政的提出是高校思想政治工作改进和加强的需要，对履行教职工的主要职责，保证全面、全过程、全方位教育要求的实现，以及全面提高高校思政工作的水平和质量具有重要作用。

（一）保证社会主义办学方向

举什么旗，走什么路，办什么样的大学，是高等教育发展的根本性和方向性问题。目前，意识形态领域斗争十分激烈，如果不能保证高校的社会主义办学方向，那么很有可能完不成国家对高等教育的任务要求，甚至出现影响中华民族伟大复兴的中国梦实现的可怕后果。因此，必须确保高校办学的社会主义方向。

我国高等教育的发展方向应当与中国特色社会主义建设的方向一致，坚持为人民服务，为人民教育；坚持高等教育为党执政服务，为政府行政服务，确保党对高校的领导，确立马克思主义在高校思想领域的领导地位；坚持高等教育为巩固和发展中国特色社会主义制度服务，增强"四个自信"；坚持高等教育为改革开放和社会主义现代化建设服务，培养合格的社会主义建设者和接班人。

思想政治教育工作是坚持高等教育的社会主义办学方向的重要保证。课程思政是高校思想政治工作的重要组成部分，保证了高校的社会主义办学特色和教育方向。要通过课程思政体系的建设，探索各门课程的思政内涵，把教书育人落到实处，确保高校人才培养目标的顺利实现。

（二）体现立德树人的根本要求

学校要坚持把立德树人作为中心环节，把思想政治工作贯穿教育教学全过程，实现全程育人、全方位育人，努力开创我国高等教育事业发展新局面。"立德树人"是高等教育的根本，高校办学应始终围绕集聚、教育、造就人才这一重要任务，立足中国实际，突出中国特色，实现复兴梦想，完成我国从人口大国向人才强国的转变。

当前，高校办学面临着国内外环境的变化、教育对象的变化、各种思想的对峙和多元文化思潮的挑战。这些对高校发展造成了冲击，也带来了机遇。青年学生的思想尚不稳定，他们既接受主流思想和社会主义核心价值观熏陶，又受到各种非主流社会思潮的影响。这就要求教师在课堂教学中，将对学生知识和能力的培养与思想引导和价值塑造有机结合起来。高校根据学科分类和课程开放情况设置专业，因此，课程思政的建设应顺应学科发展和专业培养目标，发挥每门学科的精神塑造和价值教育功能，树立社会主义价值自信，培养德才兼备的学生，确保实现高校"立德树人"的根本目标。

思想政治工作的重要组成部分，保证了高校的社会主义办学特色和教育方向。要通过课程思政体系的建设，探索各门课程的思政内涵，把教书育人落到实处，确保高校人才培养目标的顺利实现。

第三节　高校英语教学与课程思政元素的融合

高校英语课程是一门公共基础课，学生的受教时间和学分较多，学习过程中接触到的西方文化较多，因此，对于高校英语教师而言，在教学过程中不仅要向学生传授英语知识和技能，还要注意教会学生如何理智正确地分析和明辨西方文化，取其精髓，去其糟粕，确立正确的人生观，并且发扬中华传统优秀文化，发挥英语语言优势讲好中国故事，传扬中国精神。

一、高校英语课程思政的现状

（一）教师课程思政意识不强

教师是教学活动的组织者、主导者，是高校英语"课程思政"实施的主力军。

实际教学中，有一部分英语教师课程思政意识不强，对课程思政的内涵和范围认识不到位，没有清晰地认识到课程思政对大学生成长的重要性。他们认为课程思政与英语教学关系不大，教授学生掌握英语综合技能是最重要的事情，对英语课程思政教育的理解不到位，实践教学中忽视或忽略课程思政内容的教育，甚至对重要课程思政内容一句话带过，或蜻蜓点水，或不与教学内容深入融合，没有形成课程思政与英语教学同向同行的教学效果。

（二）英语课程思政元素挖掘不足

英语课程是一门语言文化课程，从语言技能角度看，其教学目标在于提高学生英语语言综合技能；从文化角度看，其教学目标在于让学生了解英语语言产生、使用和发展的文化背景，让学生能更加正确地在不同的生活、工作、学习场景中使用英语进行交流和处理事务，同时，培养学生对不同文化的思辨能力，取其精华，去其糟粕。但是，在实践教学过程中，教师和学生对英语课程思政元素重视不够，对英语教学内容中蕴含的思政元素的挖掘不够全面，大多数老师只重视学生英语综合技能的提高，而对英语课程内容，包括词汇、短语、日常交际、段落篇章中包含的思政元素不去深入探索，导致一些重要元素被忽视；有些教师认为思政元素与英语教学内容相融合有一定的困难，索性放弃对思政元素进行思考和挖掘，导致对学生道德教育内容欠缺。

（三）英语课程思政元素融入教学实践不深

英语教学实践过程中，与思政课教师相比，英语教师的思政教育理念比较淡薄，受长期以来传统学科教学理念的影响，他们更加重视学生英语技能的提高，而忽视了思政元素在教学实践中的融合，或者思政元素在教学实践中融入不够全面和深刻。据调查，有些老师在教学过程中遇到有关时政新词汇或者国内外重大事件等方面的教学内容，只是停留在就词论词，概念解释的浅显层面，未进一步对其深层内涵进行解释，比如"the Belt and Road Initiative""Innov ation and Entre preneur ship Competition""A Community of Shared Futurefor Mankind"等等，相当一部分教师对这些思政元素只是解释其含义，没有将"一带一路"倡议内容、创新创业精神、人类命运共同体的内涵融合进教学实际，也没有将相关文字和视频材料与教学内容融合，学生对这些思政元素的理解较为肤浅，未能使学生达到坚定爱国情怀、拥有工匠精神、认同人类命运共同体的高度，未实现内化于心、外化于行的思政教育效果。

（四）英语课程思政教学策略不当

在英语课程中融入思政教育，一部分英语教师，特别是年轻教师由于教学经验不够丰富，导致采取的教学策略不得当，会出现一系列问题：教师没有为学生提供丰富的开阔学生视野的思政学习材料；课堂教学活动单调，只是一味地进行概念解释；教材内容陈旧，没有选用近五年出版的最新教材；教学方法单一，没有组织讨论、演讲、主题讨论等教学活动让学生在活动中成长，辨别中西方文化的特点，以培养学生们对中华文化的自信；教学设计松散、随意、不严谨，导致教学内容和思政教育两张皮；教学内容只是对英语语言技能的教学，对思政元素的体现不够等等，这些不当教学策略严重影响了英语课程思政教学效果。

二、课程思政在高校英语教学中的融入

（一）遣词造句中的思政元素

词是最小的能够独立运用的语言单位，英语中每一个词都有其含义，学习词汇语言点时，除了解释含义，更多的是遣词造句的应用。因此，在教学过程中，教师可以结合思政教学，在遣词造句过程中，充分发挥词的作用。比如在讲解 dream 单词时，可以拓展到"The 'Chinese Dream' is a dream to improve people's well being and a dream of harmony, peace and development."讲解 competition 这一单词时，除了单词本身的构词外，可以延伸到公平竞争（fair competition）。中国创新创业大赛（ChinaInnov ation and Entrepreneurship Competition），使学生既拓展了词汇量，又开阔了见识，更提高了心智。类似的词汇还很多，因此教师在遣词造句时可以挖掘其思政元素，将其巧妙地融合到教学过程中，起到事半功倍的词汇教学效果。

（二）交际用语的文化内涵

日常会话是交际用语最常见，最普遍的一种方式，也是语言学习者使用最多的一种交流方式，它涉及生活、工作、学习的方方面面，因为话题较多，涉及的思政元素教学点比较多。比如与"Travelling"主题相关的对话中提问"Have you ever been to the Great Wall in China?"，应答者就不能单纯地回答"Yes"或者"No"。对于这一问题的回答，教师应该提前给学生提供更多的有关中国长城的历史知识，使应答者在做出回答时内容丰富且能体现中国文化。再如，在酒店"Booking the orler"中，服务员问"Would you like the Chinese Food or western Food?"，应答者不能只是简单地回答"Chinese Food!"或者"Western"Food!"。教师需要向学生介绍中餐和西餐的种类，让学生在熟记中餐和西餐不同餐饮英文表述的过程中，进行中西方饮食文化对比，从而认识到中餐的营养价值，深刻认识

到舌尖上的中国(A Bite of China)的强大魅力和中国餐饮文化之厚重。

(三)篇章理解的深层含义

英文篇章是思政元素信息量最大最全的体现形式，在教学过程中切不可忽视。小到一句话、一个主题、一段话，大到一篇文章都有可能蕴含思政元素。比如，在讲解邹为诚主编的《综合英语教程》第三版第二册中的第七单元的"The English Coutryside"一文时，可与中国的乡村对比，从而可以将主题拓展延伸到国家的美丽乡村建设和中国"乡村振兴"战略的伟大意义上来，使学生产生改变生活条件，为祖国美丽乡村建设贡献力量的决心；再如，在讲解第十单元"The life Stary of an Ancient Chinese Poet"一文时，除了讲解中国古代伟大诗人李白的生平故事和他的诗作外，还要强调他对生活自由潇洒的态度，更要重点强调中华古典文化的情与景，意与象，隐与秀的交融统一所表达的真景物、真感情之美，从而使学生从内心产生对中国古典诗歌的热爱，坚定将其传承和发扬光大之决心。除此之外，还有第十三单元的"One of Those Days"一文中牙医精湛的专业医术和关心患者的敬业精神，以及第十四单元的"New York City"一文中纽约的发展与繁华可与中国首都北京相比，从而体现中国大都市历史的厚重和现代化的发展速度，从而唤起学生对首都的向往和热爱等等，这些内容都是可以通过篇章学习，将相关的思政元素与教学内容融为一体，使学生既学习了语言知识，又提高了理解力和对中西文化的鉴赏力，从而激发学生的爱国情怀，使学生树立传承中华优秀传统文化的决心，培养学生的敬业精神。

三、高校英语课程思政教学实践策略

(一)增强教师课程思政意识

相比思政课教师，英语教师在思政教育知识体系和意识方面比较薄弱，要加强学生思想道德素质培养，首先要增强教师的课程思政意识，提高教师的思想政治素质。学校可以针对英语教师组织思政专题演讲活动，请校内外思政专业学科的教授或者专家做专业报告或线上讲课，鼓励教师关注"学习强国"自主学习有关的时政、国家领导人重要讲话和视频内容，以扩大思政学习内容，与时俱进，提升教师思政素质，增强课程思政意识，从而在教学过程中将思政元素自然融入教学内容中，达到良好的教学效果。

(二)深挖教材内容的思政元素

现代化信息技术在教学中得到广泛使用，英语教材的种类出现多样化的趋势，主要的形式包括：文本教材、电子教材、活页式教材、云教材，以及包括网络教材、微信公众号发布的教学材料，还有在教学过程中所呈现的视频教学材料等等，形式多样，品类丰富。但是，不管形式如何，英语属于人文性学科，大多数教材内容蕴含了思政元素。因此教师在针对不同教材进行备课和内容讲解时，首先要能准确发现其中的思政元素，进而在教学过程中找到思政内容与英语语言文化知识和技能相融合的契合点，培养学生爱国主义情感，树立正确的三观，培养积极向上、勇于进取的精神。

以《实用商务英语》这本教材为例，整本书包含包括商务活动、商务接待、商务关系、商务谈判、合同签订、商品检测、业务反馈、业务拓展等 16 个单元，每个单元主题鲜明。在教学过程中，教师要认真分析教材内容，并挖掘思政元素，如：商务礼仪、开拓精神、诚信可靠、文化自信、敬业精神、爱国情怀、创新创业精神、团队合作精神、责任担当、人类命运共同体等元素，在教学实践中与教学内容紧密结合，引起学生职业素养发展、身心健康发展、思想道德发展的内心共鸣，实现商务英语和专业技能提升、立德树人、树立社会主义核心价值观以及对人类命运共同体认同感的培养目标。

（三）将课程思政元素贯穿于整个教学过程

思想政治教育方面要抛弃"勿以善小而不为"的观念，相反，教师善于发现教学中的每一个思政元素，并把思政教育贯穿于整个教学过程。首先是教材建设，教材编写者要将语言知识与思政元素相融合，在教材中要融合家国情怀、中国优秀文化、历史事件、名人传记、正确的价值观、人生观和世界观等元素；其次是在备课阶段将思政元素巧妙自然地设计到教学内容中，在教学实施过程中再通过课程讲授、分组讨论、随堂活动、情景表演、观点陈述等课内外教学实践，结合教学实际丰富思政教学内容将两者有机融合，让学生在掌握英语技能的同时提升思想道德素质，使身心得到健康发展；最后是在课后作业环节，通过专题讨论、小组活动等形式精心设计二者结合，使学生对所学到的知识进行巩固，从而使思政教育达到润物细无声的效果。

（四）改进英语课程思政教学评价

教师要深入贯彻"课程思政"核心理念，要明确教学目标，优化教学策略，丰富课程思政教学内容，关键还要改进英语课程思政教学评价。因为教学评价具有导向作用、鉴定作用、监督作用和调节作用，所以要推动高校英语课程思政教学成效，学校应高度重视"课程思政"教学，应该设计有关课程思政教改课题研究、教学比赛、课程设计等活动，提高教师教改能力和教学效果。学校还可制定教师听课评教，学生评教等活动，促进思政教育教学。此外，教师也要注意随时收集学生对教学的反馈和意见，及时调整教学内容、教学策略和教学方法，通过多元评价，不断丰富和完善英语课程思政教学评价方法，把学生培养成具有家国情怀、政治认同的"英语精、专业强"的德智体美劳全面发展的社会主义建设者和接班人。

英语的发展与起源与使用英语民族的历史发展密切相关，英语教学涉及带词汇、语法、句法、篇章等基础知识，其中多少都会涉及西方文化的背景，加之区域性变体如英国英语、美国英语、澳大利亚英语、南非英语等的发展更加含有不同国家文化成分。因此，探析英语课程思政元素与英语教学的融合非常重要，通过课程思政元素，指导师生在英语语言学习过程中明辨中西方文化，吸收西方文化精髓，去其糟粕，发扬中华传统优秀文化，使大学生在掌握英语语言技能的同时，用英语讲好中国故事，感知中华优秀传统文化的魅力价值，成长为有理想有担当的有志青年，担负起实现中华复兴的中国梦的伟大使命。

第二章　高校英语课程思政体系建设的必要性

第一节　课程思政在高校英语教学中的运用现状分析

　　为了更加准确客观地了解现阶段高校英语课程思政的实际状况，在充分阅读相关文献资料的基础上，设计了课程思政在高校英语教学中的运用现状调查问卷，有计划、有目地地开展了此次实践调研活动，并以此作为研究的依据。本次问卷调查对象以全日制在校大学生为主及部分英语教师、教学管理干部，涉及的院校包括济南大学、菏泽学院、菏泽职业学院、济宁学院、菏泽医学专科学校等。同时，调查样本从不同专业、不同年级、不同学校、不同性别中随机抽取，充分体现系统性、科学性、差异性和代表性。此次共发放调查问卷 1200 份(学生问卷和教师及教学管理层问卷各为一套，学生问卷发放了 1000 份，收回 983 份，有效问卷 963 份，学生问卷有效率为 97.99%；教师及教学管理层问卷发放了 200 份，收回 177 份，有效问卷 169 份，教师及教学管理层问卷有效率为 95.48%)，共收回 1160 份，有效问卷为 1132 份，有效率为 97.59%。无效问卷主要是由于未审清题目就随意作答或漏答现象。问卷设计的整体内容比较清晰和容易理解，调查过程也较为标准化，基本保证了问卷调查的真实性和有效性。通过问卷星网络调查及纸质问卷调查相结合的方式，统一使用 SPSS21.0 统计软件对调查结果进行整理与差异性分析，使数据分析过程和处理结果更加准确、规范和直接。通过高校英语教学中的情况调查，以期对课程思政浸润到英语教学中有一个较为全面准确地把握，进而改进教学过程中的不足之处，达到教书育人的目的。具体分布情况如图 2-1 所示。

表 2-1 问卷样本情况统计表

基本情况		频数	百分比（%）
性别	男教师	78	46.15
	女教师	91	53.85
	男学生	465	48.29
	女学生	498	51.71
年级	大一年级	297	30.84
	大二年级	219	22.74
	大三年级	181	18.80
	大四年级	139	14.43
	研究生	127	13.19
专业	理工生化医学类	434	45.07
	经管人文社科类	529	54.93

问卷调查的维度主要是从受教育者和教育者的两个维度出发，调查对象的选取主要基于性别、年级、专业三个维度考量。可以从表 2-1 可知，随着年级的递增，愿意参与问卷调查的人数出现一种递减的现象，但是总体人数分布较为均衡。从中可以推断出不同年级段的学生有着不同心理和认知，大一年级和大二年级的学生正处于上高校英语课程的阶段，他们对高校英语课程思政的感受和体验要更加深刻，他们的获得感会更为强烈一些。而大三年级、大四年级以及研究生已经不再上高校英语课程了，从中得出高校英语课程思政是否对他们的人生观、世界观和价值观产生了影响，以及他们通过高校英语课程思政的学习是否收获了学识、增长了见识等。

一、部分高校对课程思政的重视程度有所提高

通过教师及教学管理层问卷中第 3 题，问及"自从全国高校思想政治工作会议召开以来，您所在学校对课程思政的重视程度有所改变吗？"（图 2-1）这一问题，涉及不同院校的部分英语教师和学校教学管理层干部，选择"A. 与之前对比，现在非常重视"的学校占 23.08% 和"B. 与之前对比，现在比较重视"的学校占53.85%。由此可见课程思政提出之后，引起了不少高校的重视与广泛关注。

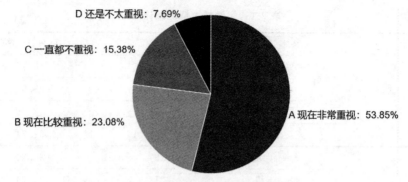

图 2-1　高校对课程思政的重视度调查

　　根据问卷调查第 4 题,"您所在学校或者院系是否制定了课程思政实施细则的相关文件?"(图 2-2)一题中,选择"A. 已制定尚未出台"的学校占 21.05%;选择"B. 正在制定中"的学校超占 47.37%;选择"C. 已制定经出台"的学校占 15.79%。从这个调研数据可知,自从全国高校思政会议召开以来和一系列全国教育工作会议讲话之后,许多学校已经意识到思政育人功效的重要性,对课程思政采取了不同程度,不同方式的调研与实践。

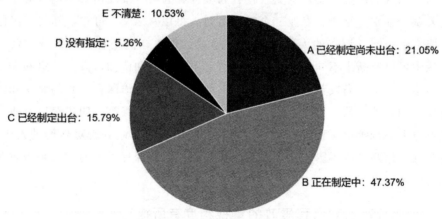

图 2-2　调查高校是否"课程思政"制定相关文件

二、教师对课程思政逐渐形成共识

　　大部分高校英语教师对英语课程思政逐渐形成共识,并开始探索将英语课程的"工具性＋人文性＋思辨性"相结合的新思路,完成从"教书"到"教书＋育人"转变,并将国家对人才培养的目标要求与各高校最新研究成果结合起来,贯穿到高校英语课程思政的教学改革中。通过教师问卷调查第 1 题,问及"您是否了解课程思政?",选择"A. 非常了解 15.38%;B. 比较了解 53.85%;C. 不太了解

23.08%；D. 完全不了解 7.69%。"通过数据显示可推断出，英语教师从之前对课程思政不太了解，到现在比较了解的人数逐渐增多，说明英语老师已经广泛关注课程思政育人理念。通过教师问卷第 2 题调查，"您认为在高校英语课中浸润思政内容重要吗?"(图 2-3)，选择"A. 非常重要"的英语教师占 31.85%；"B. 比较重要"的英语教师占 52.63%。通过教师问卷第 6 题，问及"您是否赞成通识课、专业课程等也有育人功能，履行思想政治教育功能的育人职责?"(图 2-4)一题中，选择"A. 非常赞成"的英语老师占 25.93%；"B. 比较赞成"的英语老师占 51.85%。英语教师围绕课程思政问题，相互启发，逐渐达成共识。

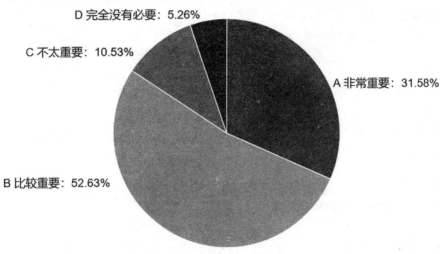

图 2-3 调查教师对课程思政重要性的认识

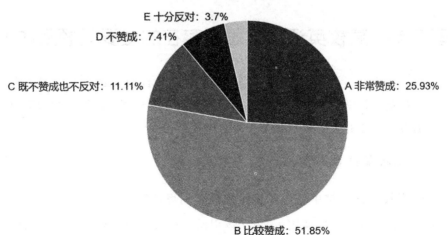

图 2-4 调查教师是否赞成课程思政的育人功能

三、多数学生对课程思政持肯定态度

问卷重点调查的是菏泽市高校在校大学生，分布年级主要是大一年级、大二年级、大三年级、大四年级，在调查问卷中也涉及了不同专业，主要分为两大类，理工生化医学类和人文社科类。通过学生问卷第 5 题，问及"您认为英语老师在课上浸润的思政内容有必要吗？"（图 2-5）一题中，选择"A. 有必要，给我们积极的思想指导"的学生占 47.62%；选择"B. 还行，课程学习有这方面要求，听听也可以"的学生占 28.57%。通过这个问题可知，学生对英语课浸润思政内容并不反感，持支持态度。

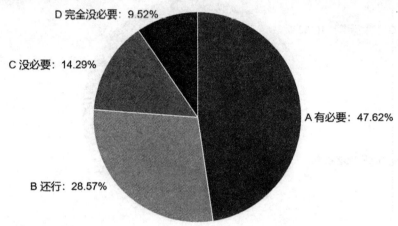

D 完全没必要：9.52%

C 没必要：14.29%

A 有必要：47.62%

B 还行：28.57%

图 2-5　英语课程是否需要渗透思政内容

第二节　高校英语课程思政存在的主要问题及成因

马克思认为，"意识形态注定要受这样的物质的纠缠，语言是思想的直接现实。"在高校英语教学中，课程思政作为一种新的育人理念，就显得尤为重要。但是，目前课程思政有效融入高校英语教学仍然存在一些问题。

一、高校英语课程思政存在的主要问题

（一）高校英语教材中的思政资源挖掘和利用不够

通过教师问卷第 7 题调查，"您在运用课程思政过程中遇见的具体困难有哪些？（多选题）"（图 2-6）一题中，选择"A. 难以挖掘思政元素或未能充分挖掘"的英语老师占 71.55%。根据调研数据可得出，高校英语教材中部分单元或篇目涉

及的隐性思政元素难以挖掘，还有些篇目中涉及多个思想政治元素未能充分挖掘。挖掘英语教材中蕴藏的思政元素对部分教师而言是一个难点。一方面由于英语教师不太清楚思想政治教育内容具体包括哪些方面，以及对思政理论知识的掌握也不到位，导致难以挖掘教材中蕴含的思政元素。与此同时，在教学过程中也不知道应该给学生浸润哪些思政元素。另一方面没有理解挖掘实质，对"挖掘度"和"挖掘量"没有进行区分，如何去挖掘英语教材蕴含中的思想政治元素，这里的挖掘，重点体现在"挖掘度"而不是"挖掘量"上。"挖掘量"是一个绝对性的指标，一篇英语文章中蕴藏着多个思政元素。教师如果能将其全部挖掘出来并利用好，那是非常考验教师的思政综合能力的。就算暂且可行，但是全部浸润到课堂教学中却难以行通，全部浸润不仅会大量占据专业知识的教学时间而且也达不到润物无声的育人效果。而"挖掘度"却是一个相对性指标，"挖掘度"是把挖掘到的思政资源进行重难点区分，选取一到两个重要的思政元素着重进行延伸拓展，在吃透重点教学元素之后，再浸润到课堂教学中去实现潜移默化润物无声的育人目标。

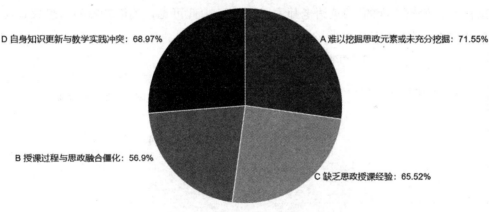

D 自身知识更新与教学实践冲突：68.97%　　　A 难以挖掘思政元素或未充分挖掘：71.55%

B 授课过程与思政融合僵化：56.9%

C 缺乏思政授课经验：65.52%

图 2-6　调查英语老师在课程思政实施过程中主要存在的问题

（二）高校英语课程思政的时效性欠佳

在高校英语教学中，大部分教师是能够挖掘出教材中所蕴含的思政元素，但是在授课过程中却出现专业教育和思政教育两张皮的现象。英语教师在授课时，出现了讲解的重点不突出，教学的内容不深刻，致使高校英语与思政教育出现僵化结合的现状。为了顺利完成情感态度价值观目标，部分英语教师会刻意把思政教育放到课前或者课后单独进行讲授，把英语教学和思政教育分裂开来，在课堂教学中扮演了一个思政课教师的角色，把课程思政简单地理解为思政化的课程。还有小部分老师在英语课中大讲特讲思想政治理论知识，导致学生既不能学好英语相关知识，也未能完成育人任务。因此，能够恰到好处地找到一个自然嵌入点，对于英语教师而言也是一个难点。

课程思政的时效性应从两个角度把握，一是从教学内容和教学模式的滞后性上，要求英语老师要做到与时俱进。时刻关注国内外的时政热点，关注当代中国社会的发展，并且要随着不同时代的发展和不同的教育要求去更新自己的知识体系和教育理念，不断向课堂注入新的教学内容，课程思政教学改革要做到因事而化、因时而进、因势而新。二是课堂时间的把控上，部分教师对高校英语浸润思政内容的时间掌控不好，没能处理好课程思政与英语教学的关系。通过问卷调查，问及"您在课程思政实施中遇见的困难有哪些？（多选题）"（图 2-6）一题中，选择"D. 自身知识体系的更新和时间的把握上还需加强"的英语老师占 68.97％。通过教师问卷第 8 题，问及"您认为英语教学中运用课程思政的总体难度有多大？"（图 2-7）一题中，选择"A. 难度非常大的"的英语老师占 21.74％；选择"B. 难度比较大"的英语老师占 60.87％；选择"C. 难度一般"的英语老师占 13.04％；选择"D. 没有难度的"的英语老师占 4.35％。由此可见，英语教师的思想教育经验和技能还有待加强。

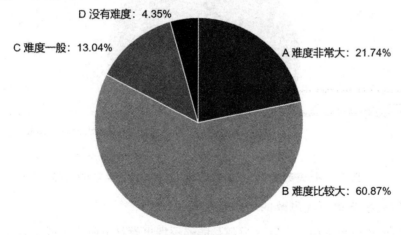

图 2-7　调查课程思政整体应用难度

（三）高校英语课程思政教学方法单一

英语老师相关的思政教学欠缺，教学方式缺乏灵活性和系统性，难以调动学生对思政知识学习的热情和兴趣，加之课堂选取的教学内容也比较枯燥乏味，导致整体课堂氛围死气沉沉，学生的获得感很难提高。通过学生问卷第 10 题，问及"您的英语老师在浸润思政内容时，是否有使用多种教学方法？"（图 2-8）一题中，选择"A. 有，使用教学方法灵活多样"的学生占 10.53%；选择"C. 没有，使用的教学方法呆板单一"的学生占 52.63%。

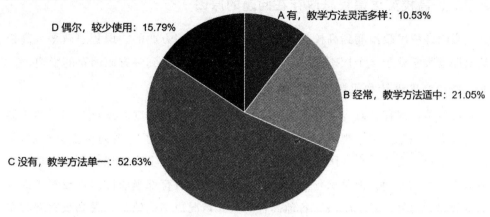

图 2-8　调查课程思政教学方法是否多元化

（四）高校英语教材蕴含的思政资源不够全面

英语教材是学习英语的基础，教材内容的挖掘是浸润思想政治教育的前提。学生通过学习英语语言去了解西方思想文化、西方政治观及西方意识形态。但是学生现使用的教材也存在两方面的问题。一方面，高校英语教材蕴含的思政资源不够全面。在 2020 年 5 月，教育部印发的《高等学校课程思政建设指导纲要》明确指出，围绕政治认同、家国情怀、文化素养、宪法法治意识、道德修养等重点优化课程思政内容供给，但是部分英语教材选题并没有囊括这些重要的思政资源。例如，有些教材内容十分重视语法词汇的学习；有些教材比较重视英语日常口语训练；还有些教材涉及的西方思想元素过多，为了让学生学到更加地道的语言，很多教材的内容是直接引用外文原文，教材中母语文化的覆盖率较低，这一系列教材都不利于挖掘和浸润中华优秀传统文化和社会主义核心价值观等思政资源。通过学生问卷调查第 4 题，"您的学校使用的是哪个版本的高校英语教材？"，得出的调研结果是每个学校使用的教材是不一致的。另一侧面就反映了高校英语没有使用统一规范的教材。根据学生的英语基础薄弱情况，每所高校所选用的英语教材是不一致的，甚至同一个学校不同学院使用的教材也不一定相同。还有的学校沿用的是自己开发的校本教材，校本教材的内容也是参差不齐的，有的高校在开发英语校本教材时融入了思政内容，有的高校却没有将思政资源注入教材中，有的校本英语教材中的思政内容紧跟时代，体现了鲜明的时代性和思想引领性，但是有些校本英语教材的思政内容已经过时了。因此，对于校本英语教材科学性、系统性和规范性还有待完善。

二、高校英语课程思政存在问题的原因

影响课程思政浸润到高校英语教学中的原因是多方面的。课程思政融入高校英语课堂教学处于一个探索阶段，在融入的过程中会受到多方面因素的影响。

(一)制度设计和机制建设尚需跟进

高校英语课程思政有效育人，离不开教育主管部门的制度设计和高校的机制建设。党和国家高度重视课程思政的建设和开展，进行了一系列重要会议讲话，也出台了重要文件，在全国范围内的许多高校纷纷掀起了有关课程思政立项研究和教学改革的浪潮。但是课程思政出台时间较短，教育部当前许多高校对于课程思政的建设也处于起步阶段，各地高校的具体情况也不一致。一是高校对课程思政理念贯彻不够深入。部分学校管理层对课程思政的育人作用认识不到位，有关课程思政的领导讲话和会议精神理解不到位，开展方式仍停留在会议传达层面，导致部分学校对课程思政的重视程度不够，没有将课程思政层层深入贯彻执行下去。二是缺乏明确的管理机制和运行机制。部分高校没有将英语课程与课程思政的同向协同形成制度化和常态化，各部门之间没有清晰明确的责任分工，教育资源配置和职能分配协调欠佳，制约了课程思政的顺利开展。三是考核评价机制还不太完善，考核评价政策有利于调动教师工作的积极性和主动性，增强教师认真工作的激情，同时对新时期高校办学具有全局性、基础性的作用。应用型高校在制定课程教学任务时往往侧重于知识与技能的训练，英语教师的职称评定和绩效薪酬往往也与学生的学业成绩和科研数量挂钩，大大地降低了教师育人的热情。四是没有形成与课程思政相对应的激励机制和合理的惩罚机制，没能将教师的育人积极性充分发挥，导致教师忽视课程的育人价值。五是交流合作机制不健全。高校各部门各学院之间没有展开深入交流与合作，各高校之间也缺乏经验借鉴与交流。

(二)部分英语教师的课程思政意识和专业素养还需强化

一是部分英语老师课程思政意识有待加强。通过教师问卷第 9 题，问及"您在授课中是否有意识地融入了思想政治教育的内容?"(图 2-9)，选择"A. 总是 14.29%；B. 经常%28.57；C. 偶尔 52.38%；D. 从不 4.76%"，通过此题可得出，部分高校英语教师对课程思政的认识不够到位，没有入脑入心，自身未能真正深刻理解课程思政的内涵与价值蕴意。部分高校英语教师有海外留学的经

历，长期受西方思潮影响，他们中的少数人觉得西方文化和西方价值观就是优于中华传统文化和中国的价值理念，还有部分英语教师会认为中华传统文化和价值观念在当今社会中已经不合时宜，导致在英语课堂中，很多老师会在课堂上将西方错误思想传递给学生，给学生造成极大的不良影响。部分英语教师认为只要把书教好了，本职工作就已经完成，不需要再去负责思政老师、辅导员、班主任的育人工作，一切负载于传授英语语言知识以外的教学任务都与其无关。

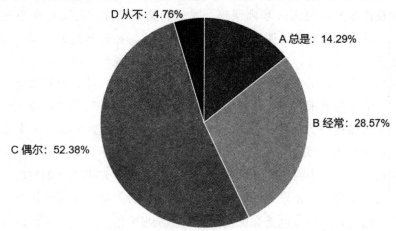

图 2-9 调查英语教师是否有意识地在教学中渗透思政元素

二是部分英语教师课程思政专业素养有待提升。高校英语课程思政能否达到预期效果，与师资力量建设存在一定的关系。高校英语课程思政对英语教师思政素质有较高的要求，需要教师具备马克思主义理论基本知识以及一定程度的思政教学技巧。教师在教学过程中既要重视英语语言能力的训练，同时还要从思政角度出发培养学生的人文素养、中国情怀和全球化视野等。由于英语教师对马克思主义理论知识和政治理论知识的欠缺，导致课堂浸润的思政内容缺乏深度和广度，导致教学内容过于表面和课堂育人效果欠佳。

第三节 实施高校英语课程思政的意义

一、高校英语课程的性质、特征及目标

高校英语课程是高等学校人文教育学科的重要组成部分，同时也是大学阶段的一门重要必修基础课程。高校英语课程作为一门语言基础课程，英语语言的学习拓宽学生认识世界的渠道。高校英语课程要落实立德为先，突出能力为重，反

映时代精神。即通过英语课程的学习，既要训练学生的听说读写译的基本技能，同时还要培养学生的跨文化交际意识，体验中西文化的异同，培养学生的思辨思维，增强学生的爱国意识。正如《欧洲语言共同参照框架：学习、教学、评价》中强调的，学习和掌握一门语言，就获得对其他国家生活方式、行为模式、思维方式、价值观念、文化遗产等更为广泛而深刻的理解。高校英语的学习对提升学生知识、能力以及综合素质等方面具有重要意义。

高校英语作为一门语言基础课程，同时兼具工具性、人文性和思辨性的特征。一是工具性，高校英语课程是对基础教育阶段的拓展与提升。即是进一步深化高中基础英语的学习，进一步对高中英语教学的听说读写译技能进行训练与强化，使学生在学习、工作和生活中能够较好地使用英语与他人进行交流，同时为学生今后继续学习英语和用英语学习其他相关科学文化知识奠定基础。二是人文性，高校英语课程作为一门人文教育学科，承担着提高学生综合人文素养的任务。学生在学习和掌握这一交流工具的同时，还要引领学生学习和了解国外社会与西方文化、增进对中西不同文化的理解，在汲取西方先进文化的同时，积极弘扬本民族优秀文化。三是思辨性，高校英语还担负着发展学生辩证思维，培养学生创新能力的职责。语言既是交流的工具，也是思维的工具，学生通过英语学习了解世界文化多样性的同时，也会受到不同文化和价值理念的冲击和碰撞，思辨能力的培养有利于帮助学生形成高尚的品格和正确的人生观和价值观。

高校英语的教学目标始终同国家战略发展息息相关，始终与国家和社会对高质素国际化人才的需求紧密相连。当今世界正在经历百年之未有的大变革，经济全球化和文化多样化深入发展。中国作为一个负责任、有担当、爱好和平的大国，在全球国际性事务合作与交流中承担了重要的责任与义务。英语作为全球通用语，通过教授英语，使学生汲取了国外先进的思想文化、科学技术等，同时也要向外传递中国思想和中国价值理念。根据 2017 年教育部最新发布的《高校英语指南》强调，高校英语课程的目标主要在于训练学生英语语言知识与技能、提升学生的综合文化素养和综合语言应用能力、增强不同国家的跨文化交际意识和国际交流沟通的能力，使学生在今后的学习、生活和工作中都能够有效地使用英语。高校英语教学培养的学生要满足国家和社会高素质人才的需求；要满足新形势下经济社会发展的要求；同时也要满足个人成长成才的需要。高校英语课程的学习拓宽了大学生的国际视野，促进了学生思维的发散，培养了学生的创新意识，使学生以一种开放包容的心态去接受不同的文化。英语的学习为学生未来参与到知识与科技创新储备能力，为学生未来能够更好地适应国际社会的变革与发展奠定基础。

二、高校英语课程与思想政治理论课程的内在联系

高校英语和思想政治教育（以下简称"思政教育"）同属人文社科类课程，都是大学阶段重要的基础必修课程。高校英语课程的选题视角广泛，包括西方文化精神、社会、政治、经济、哲学、科技和历史等。高校英语教材选题与思想政治理论课程的教学内容存在交叉重叠的部分，高校英语课程与思想政治理论课程又有着共同的教学目标，即人文性教学目标。因此，高校英语课程势必成为高校课程思政建设的重要领域。两类课程融合终能实现春风化雨润物无声的育人合力。

高校英语课程与思想政治理论课程融合度高。一是高校英语课程和思想政治理论课程同属人文性质学科。高校英语作为大学阶段一门重要的语言课程，除了自身具有的工具性和语言性的优势外，其人文性和思辨性教育对学生的重要影响也是不能忽视的。人文性教育可以提升学生的精神文明境界，加强学生的思想道德建设。思辨性教育能培养学生创新思维能力和批判性思维能力。学生在进行英语语言学习时，会受到西方文化、思维行为、价值观及意识形态等的影响，这为高校英语挖掘"思政资源"和浸润"思政元素"提供了可行的空间。二是高校英语课程和思想政治理论课程同属基础公共课程。高校英语是大学阶段重要的基础必修课程，其基础性地位势必成为高校课程思政教学改革发展的重点领域。高校英语教学开设的时间长且覆盖面广，有利于保证对不同专业学生浸润思政内容的连续性与系统性。因此，高校英语课程应该承担提高学生人文知识素养和加强学生思想道德素质的任务。高校英语课程思政既帮助了学生对不同文化的理解，又培养了学生的中国情怀和国际视野。在课程思政理念的指导下，英语教师应认真研究教材，充分备课，挖掘教材中隐含的思政元素渗透到英语课堂的教学中。在完成英语教学知识与技能目标的同时，又将情感态度价值观目标落到实处，真正做到"育人之本，在于立德铸魂"，帮助学生树立正确科学的世界观、人生观和价值观，实现高校英语课程真正的"育人"功效。

高校英语课程与思想政治理论课程协同性强。协同效应（Synergy Effects），简单地说，就是"1+1＞2"的效应。首先，高校英语课程与思想政治理论课程协同发力，可以培养学生批判思维和辩证分析问题的能力。高校英语教材选题内容涵盖广泛，英语课程不仅传授了学生英语语言知识，更让学生受到了大量西方文化的感染和熏陶。在英语课堂教学中渗透思政教育，可以让大学生理性辩证地看待中西文化差异，批判地汲取西方优秀文化思想和先进文明成果，增强本民族文

化自信,最终提升学生的综合素质。其次,高校英语课程与思想政治理论课程协同发力,弥补了"中华文化失语"现象。高校英语语言的学习是跨文化交际的重要前提。英语教学中更多地注重西方文化的学习,文化输出也是西方文化的单向输出,学生们在对外交际的过程中不能很好地传播本国文化。学生学习英语的最终目的不是让自己日渐趋于西化,而是通过英语为媒介去更好地了解和认识西方国家,学习他国的长处为我国所用,同时在跨文化交流中弘扬我国的优秀文化,让中国思想文化和价值理念传播到世界各国。让每个人都成为传播中华美德、中华文化的主体,要把当代中国价值观念贯穿于国际交流和传播方方面面。作为英语老师要锻炼和强化大学生对外传播和阐释中华文化的能力。因此,高校英语教学与思想政治教育的协同育人在培养学生跨文化交际意识和提高学生跨文化交际能力方面显得尤为重要。

三、实施高校英语课程思政的重要意义

课程思政是高校落实立德树人根本任务的重要举措,也是完善"三全育人"的重要抓手。高校英语课程思政教学改革,既是教书育人的教学本质的回归,也是对党领导下的高等教育培养什么人、怎样培养人、为谁培养人等根本性问题的回应。高校英语课程思政提升了思政教育的实效性,是实现全面育人的现实需要。

(一)高校英语课程思政是实现办学目标的内在要求

当今世界,任何国家的高等教育都是在特定生产关系下进行的,都不能离开一定的社会制度,不能不适应一定的社会需要而孤立存在,我们要坚持社会主义的办学方向。当前我国高等教育事业发展面临着更为复杂的国内外局势。因此,新时代下高校教育面临着新的要求、新的机遇和新的挑战,党的十九大到二十大是"两个一百年"奋斗目标的历史交汇期,东西方不同社会思潮及意识形态的较量更为激烈。教育工作同样肩负着重要的历史使命,即"培养什么人,怎样培养人",成为教育的永恒主题;"办什么样的大学、怎样办大学"这是高校在建设进程中必须认真思考和科学回答的根本问题。一些高校英语教学和育人"两张皮""重智育轻德育""重物质轻精神"等现象不同程度存在。高校英语教学,不仅让学生学会了用英语语言交流,同时也让学生感受到了中西方文化间的不同差异、校园内多元价值观的传播,以及中西方社会意识形态的冲击和碰撞。英语教师牢固树立"育人为本、德育为先"的观念,坚持立德树人方向,强化对学生的思想价值引领,构筑社会主义大学育人高地。

（二）高校英语课程思政是提升育人效果的有效手段

中共中央、国务院印发《关于加强和改进新形势下高校思想政治工作的意见》强调，充分发掘和运用各学科蕴含的思想政治教育资源，健全高校课堂教学管理办法。高校英语课程思政实际上是思政育人功能的升级版和加强版。先进的积极的思想对人的全面发展有着促进作用，落后的腐朽的思想则会阻碍人的全面发展。最好的教师应该把教书育人放在第一位，将教书和育人相结合，学生成长成才离不开老师正确指导和引领。学校的育人工作绝不仅仅是班主任、辅导员的职责。英语老师应该与思政课老师、辅导员及共青团等形成育人合力、齐心协力、共同承担起育人职责，帮助学生树立正确的思想观念，使学生摆脱错误思想的指导，走出迷惘状态，坚定理想信念，提高大学生的社会责任感、集体归属感和国家认同感。英语教师可以通过创新教学方法，例如英语辩论赛、课堂小组讨论、英语主题写作等方式去了解学生的思想动态，及时纠正学生的不良思想。同时还要丰富英语教学内容，在课堂教学中利用先进的新媒体技术，以春风化雨润物无声的方式浸润爱国主义思想、中华优秀传统文化及社会主义核心价值观等相关内容，筑牢学生正确的思想根基，对学生进行正确的思想引领，增强思想政治教育的实效性，落实高校"立德树人"的根本任务。

（三）高校英语课程思政是适应课程发展的时代要求

英语作为全球使用最广泛的一门语言，是连接中西文化的桥梁，在跨文化交际中发挥着重要的作用。高校英语课程的学习为学生了解西方社会、历史、文化和经济打开了一扇窗户。在语言学习的过程中，不可避免地会受到西方意识形态、价值观念及行为模式的影响。为了全面提高学生的语言运用能力，高校英语教材较多地选择了英语原版文章，输入了大量的西方国家的人文历史、政治经济、国家地理、科技与教育等方面的内容，母语文化的输出在英语课堂中处于弱势地位。这导致很多学生在跨文化交际中不能很好地传播中华优秀传统文化。为了培养学生在中西文化交流时有着较好的跨文化交际能力，以及在改革开放和全球化加速的进程中有着良好的逻辑思辨能力和批判汲取西方思想的能力。高校英语课程思政正好适应了课程发展的时代需要。广大英语教师应立足学科基础性质，做好英语课程思政教学改革的积极探索，增强学生对本民族文化的自信，增强学生的文化自豪感和归属感，促进学生全面发展。

（四）高校英语课程思政是思政课程的有益补充

高校英语课程思政是改变高校思政课程育人路径单一的有效方法。思政课程，即高校思想政治理论课，是课程育人的主渠道，也是大学生思想政治教育的主渠道。长期以来，在高校课程教学体系中，高校英语课程担负着传递学生英语基础知识，培养学生语言运用与技能提升的功能，而思想政治理论课程则承担着育人的责任。两门课程在育人功能上出现自成一体、各自抱团的状态。高校英语课程未能将教书和育人相结合，思想政治教育课的育人功能出现单兵作战现象。通过高校英语课程思政可以从根本上改变思政课程在高校思想政治教育工作中单打独斗的局面。通过英语基础知识和教材中思政元素点面结合，与思政资源多面辐射的方式；通过英语教学内容和思政理论知识有机融合与贯通的方法，拓宽思政育人的路径，丰富思政教学的内容，使高校英语课程与思政课程相互补充，相互促进，相得益彰，最终改变英语课程游离在思想政治教育体系之外的局面，力求做到英语课程教学改革始终贯穿于思想价值引领的这条主线，力求增强高校英语教学的育人功能，实现育人效果最大化。

第三章 高校英语教学中教师 思政能力的提升

2020 年，教育部印发《高等学校课程思政建设指导纲要》强调，"要加强教师课程思政能力建设"。有效实施高校课程思政，需要提升高校教师课程思政教学能力，发挥专业课教学的隐性育人功能，这有利于提升课程教学的育人效果，提升教师立德树人水平，实现课程育人目标。教学能力是指高校课程教师实施教学活动所具备的基本素质和能力。高校教师课程思政教学能力是一种特殊的教学能力，指高校教师在组织实施教学的相关活动中，在专业课程教学中融入思政教育内容，发挥隐性的把握能力、思政元素挖掘和融入能力、教学方式方法创新能力、课程思政教学育人的能力。高校教师课程思政教学能力，包括课程思政意识和能力等。高校教师课程思政教学能力是非常重要的能力之一，其内容和要素是灵活多变的。

第一节 课程思政视域下高校英语教师教学现状

在当前教学改革实施过程中，许多高等院校在英语课堂中大力推进课程思政教育，要求高校英语教师应努力学会挖掘和利用课程中的德育元素，完成立德树人的任务。在具体任务实施中，课堂教学仍旧占有重要的地位，许多高校英语教师的在教学仍然以听说、读写和翻译为主要讲课方式，以英语实际应用技能为教学重点，以提高学生的英语水平为主要的教学目标，没有很好地做到将思想政治教育穿插到课堂教学的环节中，忽略了课程育人目标。

一、对课程思政教学理念认识不足

近年来，部分高校英语教师在课程思政问题上，对课程思政的认识不深刻，以为课程思政等同于专业课教学之类的简单政治说教，对课程思政的内涵及其立德树人任务的完成，还有课程思政工程的复杂性缺乏深刻认识，甚至出现抵触情绪。认为思政教育是思想政治课教师的任务，高校英语课堂的主要任务是教授学生英语知识和技能、帮助学生了解英语国家文化就行了，人为地将思政教育和高等院校英语教学完全割裂开来。这也导致了少数教师在高等院校英语课堂上过分强调西方文化知识的灌输，而忽略了中国传统文化的渗透和教育。

部分教师缺乏责任意识和钻研精神，没有做到教书和育人，即育德和育才的结合。这种现状归根结底是因为教师对课程思政的理解认识不足，没有搞清楚高等院校人才培养的三个关键问题：为谁培养人？培养什么样的人？怎么样培养人？高等教育不仅要培养具有一定的文化知识素养和专业技能的人才，更重要的是培养有社会主义道德的、对社会主义建设有用的人。这既是课程思政改革的目标，也是高校教育的职责所在。

二、思政素养不高，思政资源挖掘利用不够

课程思政的实施，要求英语教师具备良好的思政素养。英语教师的思政素养直接影响课程思政的实效性。部分教师长期致力于专业课程的教学和自身研究领域的学术钻研，缺少对思政的敏锐感知，马克思主义理论素养和思想政治教育素养有待提升。在遵循专业课自身逻辑和规律的基础上，不懂如何利用思政资源进行教学，不知道该重点挖掘哪些资源，更不清楚如何整合并利用这些资源进行理想信念教育和科学价值引导。部分教师受自身学识、能力、时间和精力等方面的局限，无暇顾及思政资源的挖掘和利用。课程思政资源育人的元素广度不够、课程思政内容选择深度不够、课程思政元素温度不够。甚至个别教师由于师德师风问题，不能做到言传身教，成为课程思政实施过程的绊脚石。总之，思政素养的缺失，影响教师利用思政资源课程育人的实施效果。

三、课程思政教学方法和教学平台单一

课程思政教学方法和手段是否多样有效，直接关系到高校教师课程思政能力的高低。部分英语教师在参与实施课程思政过程中，教学方法和手段滞后，且可利用的教学平台和渠道单一，影响课程思政能力的提升。首先，部分教师将课程思政的教学，变为"课程＋思政"的教学，将英语课教学直接改为英语课加思政课的教学，或者不考虑学科特点和学生特点，直接采取说教、单向灌输的方式，将思政元素生硬插入教学中。其次，受传统教学理念的影响，部分高校教师习惯传统的单向灌输式的教学，以讲授式教学方法为主，给学生输出专业知识。在课堂教学中，教师是课堂的主体，对学生的价值引导和情感培养不明显。再次，部分

教师对课程思政的教学阵地和平台局限于英语课程教学的第一课堂上，忽视了第二课堂和第三课堂的课程思政隐性育人方式以及实践育人的手段。课程思政融入高校英语教学需要借助现代信息技术手段，许多教师由于多方面的原因，很难熟练掌握或适时更新某些技术手段，加上许多教师对技术培训不重视，技术培训机会不足等原因，对课程思政有效融入高校英语教学、打造金课缺乏足够信心和能力。

四、课程思政教学评价不完善

近年来，各高校的教学评价体系不断改进和完善，对于激发高校英语教师进行教学反思，不断促进教师专业成长起到了积极的推动作用。但是教学评价体系的不完善，影响了教学评价的效果，成为教师主动进行课程思政教学改革的障碍因素。一方面是评价主体，很多高校都把教师自评和教师之间的同行评价作为课程教学评价的重要环节，但是教师自评和同行评价所占的比例很小。另一方面，教学评价指标。随着课程思政的实施和推进，越来越多的高校把教师进行课程思政的教学改革和研究纳入教学评价体系。但主要的评价指标仍然是在完成基本教学任务的前提下，将教师的科研绩效作为评价教师的主要指标。课程思政教学和研究所占比重过小或者流于形式，导致教师把大量的时间和精力投入学术研究，影响教师积极投身课程思政教学和教研改革的积极性。另外，虽然很多高校都有各自教师评价的流程，但是由于课程思政方面的评价体系不够规范和具体，可操作性不强，直接影响课程思政教学改革的效果。

第二节 高校英语教师课程思政理念的转变

长期以来，英语教学一直存在重语言技能，轻价值培养的弊端。教师在课堂教学过程中，往往将课程目标限定在语言的传授和技能的提升。英语教师在实施教学的过程对课程思政教育在专业教学当中存在的意义和内涵认识不深刻、不理解，更不能将课程思政元素很好地融入课程教学设计中，最终使得英语教学缺乏灵活和创新，导致教学质量的下降，也使得学生不会积极主动地参与到学习当中，更不能对学习当中出现的问题进行正确反思和认识。转变教师课程思政教学理念，可从以下几方面展开。

一、理解高校英语教学的价值取向

青年学生需对个人的价值观有正确的认识，即自身价值的体现，这对青年学生在面对和处理人际关系、社会矛盾、就业冲突时有鲜明的立场。什么是正确的价值取向，正确的价值取向对于新一代的青年学生来说意味着什么，都必须有明确的定位，这对社会发展、科技进步及人类文明有重要的影响作用，只有坚持正确的价值观才能促进自身的进步与发展。

(一)教学目标的价值取向

从前的英语教学经常以实际需求为主，在确定了社会现实的需要后才制定自身的教学目标，这只注重了社会需要的高端知识人才培养。因此，在这一要求下，我国教育目标的价值观也只是单纯地注重英语知识教学，将知识传授作为实现自身价值目标。将这些倾向细化之后，我们发现在高校的日常英语课教学中，教师只重点关注学生的听说、读写，这些只是英语基础知识的教学，而对于丰富的课程架构体系是完全不够的，对于满足社会需要的多样化人才也是完全不够的。现实社会发展到今天，高校教育教学不能只局限在传统教学，更不能止步于此。传统教学的局限性是过分讲求学生注重学科知识的重要性，忽略了学生其他方面的教育，最终导致无法适应高校毕业生融入多样化的社会发展需求。

现今，我国处于快速发展时期，经济社会的发展更需要一批拥有理论知识与实践相结合及道德高尚和良好品质的优秀人才，所以，高校在确定英语教学目标时，一定要确定现代经济社会发展需要什么样的人才，而为了更好地培养青年能更快更好地适应信息社会，必须将个人兴趣、学科知识积累、文化传承三者之间的关系协调好，同时确认知识观和人性论相结合的教学目标。

(二)课程架构的价值取向

高校英语教学课程架构的创建是一步步形成的，它有一套完整的逻辑结构体系。这套体系强调学科的逻辑性和知识的系统性，强调学生的心理认知结构与知识储备。显然这种课程架构所培养的学生有着丰富的学科知识，有着深厚的学术研究能力，这是传统教学中形成的学术型英语教学结构，因此在实际的现实生活中，学生往往不能发挥实际的学习效用，为此，英语知识的学习难以有用武之地。由上所述，我们高校教师必须明白在今后的英语教学进程中，必须制定一条新的课程教育理念，一方面要在原有的课程架构体系上重新界定英语教学的价值取向，另一方面需要在原来的英语课程架构的基础上重构英语内容框架体系和目标，共同为社会岗位的需求培养具有专业理论知识和专门就业的技能型人才。

(三)教学组织的价值取向

传统的高校英语教学取向还是以学术型组织为主，主要以学生的适应能力来开展教学。高校英语教学工作的组织是在学科价值观的主导下完成的，以各学科之间的相互联系为桥梁，主要注重内容的普适性和知识的系统性来进行教学组织的设计。教师的授课方式主要以集中指导为主，在教完书本中的知识后进入校外集中准备的场所实习。虽然表面上为学生的就业带来一定作用，但是在这一教学理念下培养的学生只具备了高效的逻辑思维能力和较深的知识理论水平，很难在专业领域内或工作岗位上发挥精湛的技术和娴熟的研发能力。从而不能够完成英语教学的目标，无法达成以专业、方法和社会生活等能力的整体发展目标。

综上所述，对高校英语教学组织的改革和创新有以下建议：①教学途径必须要在特定的领域和群体当中进行；②实现这一目标要在特定的领域中以群体为导向；③教学组织的形式必须是多元化的；④以塑造高校学生的专业发展和人性的需求为基点；⑤提升学生普遍适应社会岗位的能力和研发策略能力，通过该能力的提升达到专门能力的提升；⑥最终达成两种能力的有效组合共同提升，以此完成教学活动专业、方法等能力的整体发展和目标要求。

(四)教学方式的价值取向

我国大多高校教学方式的设计都是以培养学生有扎实的专业基础知识，具有一定的传统性，导致教学的设计思路与现在英语学习的环境不协调、不搭配。其中很明显的区别就是学生分不清虚拟英语学习情境与未来真实的英语使用场所之间的关联，使得学生无法体验到英语学习的真实乐趣，不能有效提升学生在现实社会中很好地运用，虽然这是教师花费较多时间以学生对未来美好憧憬的方式来指导学生的英语学习活动。所以高校英语教学要改变这种观念，尽快调整设计理念，改变思路，抑制这种不良教学的发展趋势，结合实际的英语使用场所发展教学情境的实用性、现实性和有效的体验性，从提升学生综合能力的角度出发，培养学生英语学习兴趣，以学生的专业基础知识完成工作任务和项目产品的产出。

(五)教学评价的价值取向

高校课程思政教学理念的转变主要以价值取向为主，除了上述教学目标的价值取向、课程架构的价值取向、教学组织和教学方式的价值取向以外，还需要一定的教学评价的价值取向。以往的英语教学评价中，往往存在不尽如人意的效果，如评价方式的过于单一、评价的内容不够全面等。传统的英语教学评价虽能有效推进英语课程和基础知识的进程，但却忽略了自身的缺陷，不能以学生的行为为主，忽视学生的创造性和不可创造性，将学生简单地看作只是获取知识的机器，由此不能有效发挥学生的主体意识，也不利于学生的全面发展。因此，高校英语教学中，思政课程的架构就能发挥有效的功能，可以从注重发挥主体目标评价、实施过程性评价等评价标准实现多角度、多层次、多元的综合评价体系。

二、把握立德树人的内涵和本质属性

（一）立德树人的内涵

立德树人可以综合讲，也可以区别开来。"立德"与"树人"各自强调的是以人为本，以人才的培养为目标。两者需综合在一起才能真正实现立德树人，才能培养符合现代社会需要的接班人。先有"立德"，才有"树人"。所以其内涵突出了两者的内在逻辑，也就是德育为先，育人为本。教育的本质是要学生会做事、会做人，也就是实现立德树人的根本任务。立德树人虽然要求学生综合发展，做一个有素质、有文化、有学问的人，但这并不是讲所有都会在各个方面都出色，而培养学生要有针对性和侧重点，要关注学生的发展变化。

在人才培养的目标体系中，需要完成三个层次的要求。第一阶段，培养的学生是一个道德高尚、有素质的人。成才不仅仅是具备丰富的文化知识，它还包括了成为一个什么样的人。现代青年学生获得知识的方法和途径众多，但是在这些途径中缺乏教会学生如何做人的思想意识，他们在获取知识的过程中也许迷失了人之本，缺乏应有的同情心和责任感以及作为青年的担当意识。在学校，我们获取专业知识固然重要，但这并不是一个人的全部。学习专业知识，只是学生在学习一技之长或是实现自己的梦想，这对社会发展来说是一个有用的人，但我们更需要的是一个全面型的人才，各个方面和谐发展。这样的人才他们有先进的知识，但也不缺乏积极向上的乐观精神和判断审美的能力及明辨是非的判断力。显然，立德树人的根本就是培养学生有正确的世界观、价值观和人生观，明白真正意义上的做人道理。第二阶段是培养学生技能领域的能力和基本知识结构，同时获得基本知识当中蕴含的基本素质。培养学生在懂得做人之后再获取一定的专业知识和能力。培养人才是教育的根本任务，学生只有获得一定的专业知识和能力才能立足于社会，才能为国家建设和发展做出应有的贡献。目前，高校专业分类变得越来越薄弱，虽使学生能够获得广泛的知识，但在传授方法上还要有合理的结构框架来支撑，有效培养学生基础知识质量和素质能力，既要学生有鲜明的理解能力，还有学生有承受打击、分析事物、自主学习的能力。第三个阶段是根据学生的兴趣、爱好、天赋和个人倾向培养不同的个性特征，这是一种个人设计。虽然我国目前的教育模式很难针对一门学科和同时服务于多门学科，但正确的教育模式应该为学生的个性发展、有足够的学校资源和软发展环境提供尽可能多的指导。我们试图开发的不是一个具有大小一样、不会行动自如的"机器人"，而是一个活生生、有创造力的和谐发展的个体。在这种情况下，以小组形式、课外兴趣小组、第二课堂和小组活动可以弥补课堂教学不足，并应给予充分的关注和指导。

（二）立德树人揭示的本质属性

立德树人全面揭示了高等教育的本质属性，其主要体现在以下几方面。

第一，高等教育建设的内涵要求是立德树人。民族的兴旺、社会的进步都离不开教育，这是一个国家的立足之本。培训的人如何立足？这是高等教育要引起重视的问题。高等教育要突出其内在规律和本质要求，将培养什么人、塑造什么人作为教育的重中之重，将教育的核心和本质放在显眼位置，才能矢志不渝地发展和培养人才。立德树人是指坚守在高等教育战线上的广大教育工作者，他们必须以力量、坚定和不可动摇的斗争来培养和造就优秀的人。立德作为高等教育的基本要求和标志，即为人民满意、党信任、配得上时代的高等教育。高等教育要制定根本目标和使命感，培养学生成为全面发展的社会主义建设者和继承者。高等教育前提和基础是培育德行，实现树人的目标是高等学校的教育理念，厘清教育目标时，构建教育机制，构建教育工作团队，形成教育的氛围。高等教育要实现必须始终坚持对学生价值观的追求，始终围绕着社会主义建设者和智慧之美文化的传承者的目标，为之服务。只有全面贯彻党的教育方针政策，高等教育教学才能朝着正确的方向发展，才能建立一个符合时代要求、不辜负党和人民期望的育人体系。

第二，高等学校教育改革的基本方向是由立德树人来保障的，其为实现课程体系的改革明确了方向。在党的十八大报告中就提出：教育要以立德树人为根本出发点；在党的十九大报告中又一次提到：必须明确教育的总方针、根本任务，要把发展素质教育作为立足点来推动教育，最终培养一批和谐发展的有志青年作为国家建设和发展的接班人。高校教育在改革中势必会出现一定的偏差与误区，为了正本清源提出了立德树人的纲领。虽然高校一味地强调教学要改革，要适应社会的发展，但是在本质上还会无法摆脱应试教育的宿命，往往受应试教育的束缚，对学生的教育过度重视知识与技能的传递，忽略学生个体生命的发展，造成其根本原因就是高校对立德树人的根本任务和学习目标出现了模糊和混淆。随着经济社会的快速发展，市场机制的不断深化，人们的思想意识、政治纲领、价值体现和认知方式产生了巨大偏离，学校只负责传授书本知识，忽视了学生如何成为一个具有完善人格的人。更可怕的现象是学生被轻视、被忽视，有严重的心理缺陷。对此，我们必须适应社会发展带来的冲击，抓住市场机制带来的机遇，完善高校育人体系，加大力度推进高校教育改革，解决当前高校教育面临的困境。

提升思想政治素养，增强敬业精神。马克思说过"人是由思想和行动构成的，不见诸行动的思想，只不过是人的影子；不受思想指导和推崇的行动，只不过是行尸走肉——没有灵魂的躯体。"思想是有效行动的基础和内在驱动力，行动是思想的体现。思想政治素养是高校英语教师切实提升"课程思政"教学能力的灵魂引导。高校英语教师要真正从思想根源上认识到"课程思政"在立德树人过程中的重要性，要变被动接受学校教学要求为主动探索英语"课程思政"的有效模式，将自上而下的行政命令变成自下而上的主观意愿，真正做到思想与行动统一。

（一）不忘初心，当好学生的引路人

作为普通的高等院校教师，我们要努力做到不忘初心，当好学生的"引路人"。教育的初心就是教书育人，学生的成长离不开教师在执教生涯中无怨无悔地付出。我们要向前走，不能忘记走过的路，走得再远、走到再光辉的未来，也不能忘记走过的过去，不能忘记为什么出发。高等院校教师在教学的过程中，引导激发学生思考，尊重鼓励学生创造，充实温暖学生心灵，点燃照亮学生人生，志在将他们培养成为想象大胆的人、人格健全的人、心灵温暖的人、精神崇高的人、情感丰富的人。

"教书育人，德育为先"。育人是教师的天职，在育人的同时培养出具有过硬的政治素质及高尚道德品质的人才，是所有教师的共同目标。仅仅依靠专业的思政理论课去实现立德树人的目标是远远不够的，这必须要求所有高校教师充分发挥课堂教学育人课堂的主战场地位，着重将思政教育融入各类课程的教学中。提倡所有学科的教师都主动挖掘学科中的思想政治教育潜在资源，承担起学生健康成长的引路人。

（二）践行初心，完成立德树人的重任

践行初心就是抱有教育至上的情怀，以学生的根本利益为最高标准，始终把教学放在最重要的位置。现在的青年学生思维活跃，兴趣广泛，善于接受新鲜事物。当今时代又是网络的时代，是知识和信息的时代，是快速多变的时代。作为高等院校教师必须不断更新知识，树立终身学习的观念，提高自己的学习能力，才能紧跟时代的步伐，适应现代教育的新需求、新形势、新情况、新任务，只有始终不忘初心，才能更好地前进。

英语教育的特殊性在于其课程体系涉及不同语言文化的交流与碰撞。学生在学习英语时，了解英语这种语言下的国家环境及文化背景是不可或缺的。英语学习可帮助学生拓宽国际视野，然而他们思想上还未完全成熟，具有较强的可塑性，当面临中西方多元化价值观念冲击时，极易在思想中迷失。如果高校英语教师在英语教学中，忽视对学生的思想政治教育及正确的引导，学生很容易被国外资本主义社会的思想所影响，从而导致学生的价值观发生冲突。教师引导学生在全面了解西方生活习惯、历史文化、思维方式的同时，要保持坚定的政治立场。由此可见，时代赋予了英语教师在学科教学中渗透思想政治教育，引导当代大学生树立社会主义核心价值观的重要使命。

第三节　高校英语教师课程思政能力提升的路径

落实立德树人这一根本任务，关键在于建设一支政治可靠、业务精湛、乐于奉献、勇于担当的师资队伍。教师教育教学理念、能力关系到高校立德树人目标的实现。因此，提升教师的课程思政能力就显得尤为必要和迫切。

一、开展教师课程思政教学理念的分层培训

教育改革，理念先行。我们大多数的高校教师虽然在专业上有一套完整的教学体系，但缺乏其他方面的教学，因此全面实行思政教育，可以弥补这个缺陷，要对全校一线教师开展课程思政教育的培训。只有教师的教学观念改变了，教师的育人观念和行为才会发生变化。教师课程思政教育教学理念的深化可以分类别、分层次进行，从上到下全面培养高校教职工的课程思政教育观念。使得高校一线教职工以身作则，为学生做出新时代的表率，改变思想，接受英语教学课程改革体系的创新思路。

（一）开展高校领导层课程思政教育教学理念培训

教育是一个系统工程，一线教师的工作任务并不仅仅是教学，必须全校教职工整体分工协作才能完善教学改革。高校稳推课程思政教学的改革，第一步必须改变领导层的育人观念，领导层是一所学校各项工作顺利开展的领路人。只有学校领导对课程思政有一定的认同感，并能在实施的过程有恒心和有毅力，不论遇到政策、经费还是其他困难都可以迎难而上才能将这项工作进行下去，才能顺利

开展。而一线教师的工作计划需要领导层发布这项决策，并依照领导层的思政设计方案来进行。总而言之，中共中央、国务院、教育部要明确课程思政教学改革的相关文件和要求，落实好高校领导层课程思政教育的培训内容和任务。使高校领导层在领导学校专业教学的基础上将课程思政教育贯穿于整体的教育教学。

（二）开展全校教辅工作人员课程思政教育教学理念培训

为顺利开展高校的教学工作，我们必须把其当作一项系统的教育工程，这项工程包含了方方面面的工作人员，既有主要的管理层，也有为国家培育专业文化知识的一线教师，当然也缺少不了相关的辅助人员。他们在高校课程思政的实施中也扮演了重要的角色，这项系统的教学工程需要多方人员的参与，因此他们也要进行课程思政教学理念的培训，使学校的一切工作人员也能认识到国家实施思想政治教育的内涵与意义，同时从自身出发为学校课程思政教育教学服务。那么在培训中，如何提升教辅人员对一线教师实施课程思政的服务能力和工作水平将是学校管理层的工作重点和任务。对于课程教学辅助人员培养的教育教学理念，课程培养的内容应围绕教育教学理念的内涵和意义、教育部关于高校课程改革的教育教学政策和基本要求、学校关于开展教育教学改革的意义和重要性、政策措施的实施等方面展开，帮助教学辅助人员为思想政治教学一线教师提供精准服务。

（三）开展全校一线教师课程思政教育教学理念培训

课程思政的实施有一定的困难，一线教师如果认可度不高，接收范围小将会对高校思政教学改革的成效产生不利影响，因此一线教师对思政的认可、接纳能很好地突破思政教学改革。教师有先进的教学理念，可以产生良好的教学行为，教学理念决定教师教学行为的优秀行为与不良行为。学校领导光依靠一些教学管理政策、规定或者一定的激励措施就想一线教师完全参与思政教学改革是不够的，如果一线教师能够认识课程思政蕴含的意义、潜藏的优点，转变传统思想，认可思政改革的教育理念，这项课程思政教学改革的效果才能有效落实。因此，高校教育需要从教师的心理出发，转变教师的传统思想观念，使教师从心理上不抵制课程思政，在教学行为上不忽视课程思政存在的意义，在培训一线教师课程思政理念的同时，加强教师对思政教育的认识与接纳。

高校教育在培训一线教师课程思政理念时需从三个方面的内容进行。第一，从思想上改变教师对课程思政的认识程度，对课程思政教学改革的措施、意义、任务、政策、规定要由思政教育专家为一线教师解惑，这些内容既包括教育部发布的课程思政的相关文件，也包括课程思政教学理念的内涵和改革的目的意义。第二，高校可以开展课程思政教育观摩课和交流课，准备一些典型、经典、优秀的课程思政教学案例分享到观摩课中，作为思政教学的示范可以帮助一线教师正确认识思政教育开设的意义和改革的要求，认识到课程思政的实施是有必要的。第三，一线教师需认识到教育理念的转变是一个循序渐进的过程。在实施的过程中，高校要为一线教师提供一定的课程思政项目，使教师在实践行动中体会到思政教育带来的积极性，对高校英语专业学生起到学习上的促进作用。

二、培养科学的课程观和教学观，形成课程思政把控能力

立德树人是高等教育工作的行动指南。高校英语课程包含丰富的立德树人元素，教师是完成立德树人任务的重要主体。这要求教师有深厚的专业素养和高超的教学技能，同时，还应具备坚定的政治素质和高尚的道德情操。首先，专业课教师要树立科学的课程观。好老师首先应该是以德施教、以德立身的楷模。专业课和思政课要一起共担育人重任，要求专业课教师"守好一段渠、种好责任田"，明确专业课不仅是知识的载体，更是价值的载体，专业课要承担育人的功能。

其次，树立正确的思政观。思政教育有显性思政教育和隐性思政教育两种形式。专业教育是一种隐性思政教育，也是针对具体的专业课程进行精准思政的教育，其"隐性"特点有效弥补了"显性"教育的不足。高校英语教师要树立正确的思政观，理解课程思政的含义，强化课程思政主体意识。加深对课程思政工作重要性的认识，育人理念是对自己的职责有清晰的认识。教师要改变单纯传授专业知识和专业技能的观念，坚持知识性和价值引导性的统一，把握所传授专业课程的特点和规律，根据具体的专业特点和课程特点，进行课程思政教育。

三、提升专业素养，形成挖掘和利用思政资源的能力

高校英语教师要持续进行马克思主义理论的学习，不断提升自身的思政素养。专业课教师，认真学习马克思主义理论，尤其是马克思主义中国化的最新成果——新时代中国特色社会主义思想。坚定理想信念，提升思政素养，保持足够的政治敏锐性。英语教师不仅要不断钻研专业理论知识，还要给学生传递科学精神，进行价值引导。专业课教师提升思政素养，要意识到课程思政是隐性思政，是精准思政。教师要善于挖掘专业课程知识中所具备的思政价值，与时俱进地学习现代科学技术所蕴含的人文精神和科学理念。同时，要注意理论和实践的有效融合，加强专业知识和思政知识的有机融合。专业课教师要根据自身的专业特

点，设定好专业课的逻辑结构和知识体系，挖掘相应的思政元素，整合资源，结合专业课教学，对学生进行精准灌输。高校英语教师应及时把握当前国内外形势，保持对时政热点问题的密切关注，将时政热点作为英语课程教学的教学辅助材料。同时，寻找专业课程的逻辑体系和思政教学的契合点，明确自己究竟需要怎样的思政资源，如何有效将资源融入相关专业课程的教学中。根据教材内容，英语教师可以从"家国情怀和民族自信""励志启示与科学精神""职业道德和学术规范""优秀文化和传统美德"等角度挖掘思政资源。在挖掘思政资源的基础上，教师要学会辨别思政资源。避免将课程思政资源复制到课程教学中，更不能混同英语课程和思想政治理论课来教学。教师要结合自身课程和学情特点，精准融入课程思政资源，实现思政渗透的教育。例如对于人文社科类教学内容，可以适度增加思想政治教育的相关元素渗透到教学中；对自然科学类教学内容，教师可以挖掘我国重大科学技术和科学家背后的感人故事、科学精神和爱国情怀，以及追求真理、勇于实践、敢于创新的精神，激励学生爱国、敬业，创新奉献，刻苦钻研，为建设科技强国奋斗。总之，高校英语教师要不断提升思政素养，提升挖掘能量和整合思政资源的能力。

四、丰富教学方法和教学平台，培养创新教学方式能力

灵活有效的教学方法能有效增强课程思政教学实施成效。课程思政的实施，对高校英语课程教学方式方法提出了更高要求。随着课程思政的推进，教师要适时调整和丰富教学方式方法。首先，教师除了采取常规的讲授式教学法之外，可以结合所授课程的特点，将专业知识和相关思政资源库的思政资源有机结合起来。根据课程内容有针对性地采取多样化的教学方法，想方设法调动学生参与课堂教学的积极性。教师带领学生拓宽思维，转变视角，学会从不同的角度看中国。这些创新性的教学方法，有效地推动了课程思政改革进程。其次，在课程思政建设中，教师可以结合课程特点，将思政元素有机融入相关课程的教学中。根据课程教学目标和教学内容所需要的思政元素和内容进行创造性转换。此外，教师在教学方案的设计，教学大纲的制定以及教材选定，教学设计以及相关的教学研讨、对学生毕业设计和相关作业布置等环节可以巧妙地融入思想政治教育元素。引导学生在自主学习、合作探究中提升分析解决问题的能力，树立正确的价值取向。

以《新一代高校英语》综合教程第一册第一单元 A new journey in life 为例，探讨如何创新教学方法与手段。本课是高校开学的英语课程第一课，主题 A new journey in life 既是打开高等院校之门，也可以理解为开启生活之门。课前，老师可以将课件、录音等上传智慧职教云平台，发布学习任务，让学生提前预习学习，同时，教师在班级群里面要求同学们收看中央广播电视台的《开学第一课》，思考"开学第一课对高等院校生活的意义"课中，首先通过学生英语演讲"开学第一课"的方式来检测学生预习成果，然后通过课堂讨论或回答问题的方式引导学生树立正确的态度对待高等院校学习和生活，引导学生通过讨论探究性地解决学习过程中遇到的困难，习得知识后，要求学生以小组为单位组织一次小型的辩论赛，以正反观点辩论"东西方高等院校生活"。

这种教学方式一方面可以大大激发学生的学习兴趣和主动性，课堂英语演讲辩论等方式对学生来说是一种比较新颖的教学方式，可以很好地调动学生的参与积极性，体现学生课堂主体性的特点。另一方面对教师的教学能力也提出更高的要求，比如教师选取恰当的教学内容、选用适当的教学方法、精准把控课堂、挖掘教学内容的思政元素并与课程教学适时融合，让学生在习得知识、提高技能的同时潜移默化地提高了思想政治水平，达到了课程思政的目的。

在创新教学方法的同时，高校英语教师可以利用丰富的教学资源和教学平台，运用好各种互联网学习平台和新媒体技术设施，丰富教学手段。利用多种教学平台，优化课程思政教学效果，提升创新教学方法和手段的能力。教师可以利用微课、智慧职教云平台、高等院校 MOOC、有道课堂等新媒体，利用音频、视频等充分调动学生的听觉、视觉等感官参与课堂学习，增强教学的吸引力和感染力。总之，教师可以通过各种教学方式方法，充分利用相关英语教学资源库和教学多平台，参与课程思政。

五、创新教学评价体系，强化课程思政教学反思能力

合理的课程教学评价体系是检验教师教学效果的重要标准，作为课程思政的实施者和教学评价的主要参与者，高校英语教师的教学评价和反思能力是其课程思政教学能力的重要环节。高校在推进课程思政教学改革的过程中，要不断完善课程思政教学评价的内容和方式，细化评价指标体系，紧扣教师课程思政教学能力的特殊性进行教学评价。进一步加大对英语教师的培训和引导，激发教师进行课程思政教学改革的积极性，提升教师的自我反思能力，增强课程思政教学效果。同时，教师作为教学评价体系的参与者和教学评价的主体，要不断提升教学评价的能力，使其教学评价体系更为科学合理。打铁还需自身硬。在构建良好课程思政评价体系的同时，教师需要不断提升课程思政教学反思能力。教师对自身

的教学设计进行价值层面的反思，要反思教学设计的知识技能的育才，以及对学生育人价值是否有机结合；反思教学目标的设计是否合理，是否做到了学生学科核心素养的有机统一；反思教师自身的教学方法和教学手段以及教学内容的选择，是否既遵循了专业教学的科学逻辑，又符合学生的认知逻辑；反思自身的教学风格和特点是否契合大学生的身心特点和专业知识掌握的规律。新时代立德树人的教育重任，要求高校英语教师不断提升课程思政教学能力。高校英语教师要勇担时代责任，为推动高校英语课程思政建设做出自己的贡献。

六、搭建课程思政教学互助平台，开展教学示范课活动

课程思政教学能力的可持续发展需要依靠一线教师的力量，所以要发挥一线教师引导课程思政教学的作用，注重教师课程思政教学能力的发展，使教师积极主动投身于课程思政教育工作中。课程思政教学平台的搭建不仅可以让一线教师根据自己的教学兴趣和学生发展需求进行，还可以根据不同的教学互动平台查询到自己想要获取的知识和帮助。教学互动平台是多向的，不仅能实现相同专业教师之间、某一专业教师与其他专业教师之间的互通互问，还能借助该平台提升各科教师的智力与活动，促进各教师之间对课程思政的讨论与认识，如实施效果好的教师可以帮助实施节奏慢的教师，课程思政专业能力提升快的教师引导专业能力慢的教师。这好比建立了一个新入职的教师训练营，将英语专业的教师团队带进了课程思政教育的团队，达到一帮一的课程思政教育创新与改革。除此以外，还可以根据现代信息交流的平台搭建微信群，建立一个英语专业教师课程思政成长学习的社群，能够方便、就近的交流心得体会、方法技巧，促进课程思政教学创新发展，作为高校课程思政教学的改革发展动力。

在日常教学管理中将教师的思政素养、课程思政教学能力、育人效果等作为重要因素进行测评，定期评选课程思政示范课。开展思政教学示范课展示巡讲活动，邀请示范课教师和大家交流经验、分享心得。也可以让全体高等院校英语教师针对某一单元内容，采用说课的方式探讨如何挖掘教学内容中蕴藏的思政元素，如何在最恰当的时机以最佳方式将思政元素融入课程教学。

广大英语教师在英语教学中不仅教授相关的英语知识，还应该明白英语教学中蕴含的政治担心和责任，心系教书育人的课程思政目的，保证课堂知识与思政课程通力合作，互相进步，共同教育知识全面、人格高尚的大学生。提高教师的课程思政育人能力，应当是各高等院校课程思政教学所要解决的主要问题。

第四章 高校英语课程思政教学模式的构建与实践

第一节 高校英语课程思政教学模式的改革

中共中央办公厅、国务院办公厅于 2019 年 8 月印发了《关于深化新时代学校思想政治理论课改革创新的若干意见》，强调把思想政治教育贯穿人才培养体系。在提高思政课质量的同时，教育部于 2020 年 5 月 28 日印发了《高等学校课程思政建设指导纲要》的通知，全面推进高等院校课程思政建设，强调课程思政建设要在所有高等院校、所有学科专业全面推进，发挥每门课程的思政作用，提高高等院校人才培养质量。然而，要将思政元素融入英语课程不是简单的"英语课程"加"思政"，不是在英语专业课程中拨出几节课时讲授思政内容，而是要从英语课程思政教学体系、英语学科专业特点、课堂教学、英语专业教师课程思政建设能力、评价机制等多方面着手进行改革。

我国英语教育界对如何在英语课程中实施课程思政进行了一些讨论和研究。有从体系建设角度来论述的，有从宏观上谈英语课程思政的，有以某门课程为例阐述如何实施课程思政的，有从学校的类型方面提出建议的，还有从课程内容方面提出落实英语课程思政的。但总的来说，这方面的研究还比较欠缺，深度也有很大提升空间。

本书拟根据 Stuflebeam(2003)提出的 CIPP(Con-text 环境、Input 输入、Process 过程和 Product 产出)评价模型，结合英语课程的特点以及国家对课程思政的要求，构建一个课程思政背景下高等院校英语课程改革 BIPA(Background 课程背景、Input 课程内容、Process 教学过程和 Assessment 教学评价)模型(见图 4-1)。该模型围绕课程思政这个核心，从目标、教材、教学、效果四个方面来规划和建设。其中，目标涉及课程思政的背景，主要是贯彻国家有关课程思政文件的精神教材主要体现在课程内容的改革上，从思政的角度重新编写有关教材，把英语学习和思政教育有机结合起来，教学着重于教学方法，教学过程中如何实施课程思政效果是评估教学的效果，对教学过程、教学成果以及整个课程进行评估。

图 4-1　课程思政背景下高等院校英语教学改革 BIPA 模型

一、课程内容改革

《高等学校课程思政建设指导纲要》提出课程思政改革的内容设计主要体现在教材上，以思政内容为主线，教育学生有坚定的思想信念，明白新一代青年所肩负的伟大使命，在建设中国特色社会主义道路的历程中贡献自己的力量。课程思政从内容上进行了优化，要围绕国家建设、法治完善、文化修养、道德涵养、政治觉悟为优化内容，使高校学生获得社会主义核心价值观教育、劳动教育、心理教育等课程思政内容。

党和国家针对高校英语教材的编写提出以下基本要求，教材内容必须是服务于人才的培养和教育教学的发展，方法上要注重知识的积累，人类传统文化的传承要创新。教材内容的选取上符合时代特色且与社会主义核心价值观相符。利用现代高校英语教育教学的优势，引导学生展现新担心，正确认识世界、认识自我，为培养具有前瞻思维、国际眼光的人才提供有力支撑要实现这些目标，教材理念和体系要有相应的变化。目前，我们国家使用的各类高等院校英语教材很多都是基于语言点来编写的，偏重于语言知识的传授。在课程思政的背景下，教材的编写应从语言知识的传授转向语言使用能力的培养《中国英语能力等级量表》（Chinese Standards of English，CSE）基于语言使用来构建语言能力水平的描述语，这可以为教材建设提供一些思路。CSE 从功能的角度结合主题以及文本特性，通过语言活动构建语言使用的模型（图 4-2）。通过具体语言使用能力的培养，学生能够利用英语更好地在全世界弘扬中国精神，讲好中国故事，传承中国优秀传统文化。英语课程内容有六大要素：主题语境、语篇类型、语言知识、文化知识、语言技能和学习策略。其中主题语境包括人与自我、人与社会、人与自然三个方面，涵盖健康的生活方式、积极的生活态度、优秀品行、正确的生活态度、公民义务与社会责任、重要国际组织和社会公益机构、法律常识和法治意识、自然环境、自然遗产保护、人类生存、社会发展与环境的关系等诸多内容。这些为高校英语教材的修订提供了很好的范例，以话题为主线，通过不同的语言活动培养学生利用英语进行有效交际的能力。从教材内容上看，以往的教材多以英语为母语的作者撰写的材料为主，缺乏体现中华优秀传统文化和社会主义核心价值观的内容，致使很多学生能较好地用英语介绍外国的文化，却不能恰当、准确地用英语介绍中国文化。

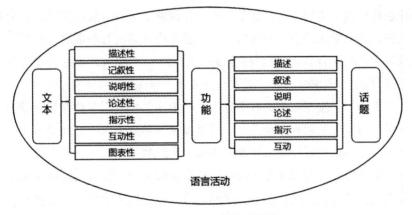

图 4-2　CSE 语言使用模型

　　我们国家基础教育阶段英语学科核心素养包括语言能力、思维品质、文化品格、学习能力四部分。其中，文化品格指对中外文化的理解，是学生在全球化背景下表现出的知识素质、人文修养和行为取向。思维品质是指人的思维个性特征，反映在其思维的逻辑性、批判性、创新性等方面所表现的水平和特点。所以，高等院校英语教材的修订要兼顾英语核心素养的方方面面，既要让学生学会利用英语进行各种交际，又要培养学生语言能力之外的能力，包括课程思政要求的各方面的能力和素质。例如，教材编写者需要增加对比中外文化的内容，通过对比，充分体现社会主义核心价值观及其优越性。为适应全球化时代对国际化人才，尤其是能够胜任国际组织工作人才，以及扩大我们国家在国际组织话语权的迫切需求，英语教材应在锻炼学生参与国际组织的各种能力方面加大力度，推进国际组织胜任力融入人才培养全过程。国际组织人才需要有中国情怀、国际视野和世界胸怀，熟悉国际政治、经济、社会、文化、法律等领域公认的原则、法则、办事规律，熟悉主要国际组织(包括政府间组织和非政府国际组织)的职能和运行规则，以及国际通行的礼仪和规范，具备较强的跨文化沟通能力，熟悉本国和相关地区、国家、民族的文化特性、历史传统、风俗习惯、特点特色等。这些内容都需要在高等院校英语教材中有所体现。

二、教学过程改革

高校英语课程教学可以采用任务式、合作式、项目式、探究式等教学方法，贯彻"以学生为中心"的教育理念，使教学活动实现由"教"向"学"的转变引导和帮助学生掌握学习策略，学会学习、学会反思。鼓励学生参与和体验英语学习团队活动，鼓励学生结合英语学习内容关注社会热点问题、社会发展趋势，以及国家发展战略。课程思政应以学生为中心，让学生不仅在课堂上学会有关的知识，更应该在课后付诸实践，注重学思结合，知行统一。也就是说，新时代的英语教学要把课堂教学和实践教学有机结合起来《教育部等部门关于进一步加强高等院校实践育人工作的若干意见》规定，人文社会科学类本科专业不少于总学分（学时）的 15%，倡导基于问题、基于项目、基于案例的教学方法，但很多学校英语实践课程开设的比例不足，缺少对应的实习基地和实践活动，英语课堂教学也是以语言知识为主，存在重理论轻实践、重知识传授轻能力培养的现象。实践教学能更好地贯彻英语课程思政的精神，教师可以组织与思政有关的英语社会实践活动，突显英语课程思政的特色开展，致力于提升跨文化交际能力的国际交流活动，拓展学生的国际视野，搭建基于"互联网＋"的创新创业实践平台，培养学生的创新创业能力。

有学者认为，高等院校课堂教学有五重境界：①沉默（silence），课堂上很安静，教师在讲，学生听或者没听，互不干扰；②问答（answer），教师在上课过程中能向学生提一些问题，有时学生回答，大多数时候没有；③对话（dialogue），教师和学生有情感和内容的交流；④质疑（critical），学生不仅和教师有互动，还能针对教师的观点提出自己的看法，甚至有批评和质疑；⑤辩论（debate），师生之间有辩论，甚至因此产生新的观点（李志义，2018；胡守强，2019）。课程思政英语课程应该是高阶的金课，课堂教学也应该体现高阶性，采用思辨和辩论等高阶教学方法，培养学生的创新思维、问题求解、批判性思维、信息素养、团队协作、自我管理和可持续发展等能力。

《教育部关于深化本科教育教学改革全面提高人才培养质量的意见》强调要完善过程性考核与结果性考核有机结合的学业考评制度。过程性考核就是形成性评价，但常被认为只是一种测评的方式，其实它是一种教学理念，实施形成性评价，教师需要转变教学观念。在实际教学中，学习、教学、测评是相互交织的，而形成性评价则是覆盖这三者的一个统一体，将三者有机地结合在一起（见图 4-3），使得这种评价成为促进学习的评价（assessment for learning），甚至评价本身就是学习（assessment as learning）。课程思政的英语教学可以形成性评价为理念，强调学生学习的过程，在过程中形成正确的价值观，学会用英语讲好中国故事。

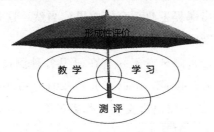

图 4-3　形成性评价教学理念

全面推进课程思政建设，教师是关键。要实施课程思政英语教学改革，教师的发展是个不可回避的问题。英语教师习惯了基于培养英语语言能力的语言训练式的教学，教学内容集中在语言知识和语言技能，课程思政对于大部分教师来说是个新的挑战。《高等学校课程思政建设指导纲要》号召广大教师加强课程思政能力建设，开展经常性的典型经验交流、现场教学观摩、教师教学培训等活动，充分利用现代信息技术手段，促进优质资源共享共用。依托高等院校教师网络培训中心、教师教学发展中心等，进行教师培训，建立课程思政集体教研制度，并且鼓励思政课教师与专业课教师合作教学教研。这些对于英语课程思政的教师发展来说都是可以借鉴的很好建议。我们英语教师不应只埋头做一个英语专家，不应对育人抱事不关己的态度，而应该不断学习，主动提升，做有理想信念、有道德情操、有扎实学识、有仁爱之心的新时代"四有"好教师。

三、教学成果评价改革

评价是教学不可分割的一部分，可以帮助判断教育的目标是否实现。评价其实是个可以反复的过程，教师通过不断收集和讨论来自不同方面的信息，掌握学生学习的各种情况，目的是促进学生的学习。评价涵盖课程体系的各个环节，教学管理者、专家、教师和学生都应积极参与评价活动，综合运用各种评价方法与手段，实现评价对课程发展的推动作用。因此，评价对于促进英语课程思政非常重要。当然，由于课程思政的特殊性，评价方式和内容与以往的英语课程有所不同，不仅要注重学生语言交际和运用能力的发展，还需从多方面评价课程对学生的思想品德、价值观等涉及思政的积极影响。

评价的主体部分是测试。测试可以分为间接测试和直接测试(Lado, 1961)，前者可以通过试卷、角色扮演等方式进行，后者则是在实践中进行。英语课程思政的英语部分可以通过间接测试来衡量，但思政部分在实践中则能更好地体现出来。因此，评价一门英语课程思政效果较为直接的方法就是看学生在修完课程后，在实践中如何表现出课程思政教育的效果。当然，这种评价较为间接，还需在以后的实践摸索中不断完善。

评价就需要标准。语言测试专家一直在研发各种测试标准，如《欧洲语言共同参考框架》(CEFR)(Cou-eilofEurope, 2001；2018)和《中国英语能力等级量表》(中华人民共和国教育部、国家语言文字工作委员会, 2018)。然而，CSE虽然包含一些涉及思政的描述语，但其主要目的还是为语言能力的测评提供标准，而英语课程思政的评价除了语言能力的测评外，还需考查其他思政方面的能力。目前，尚未有一个较为完整、体系的英语课程思政评价标准，这需要有关学者在以后的实践中，探索出一套全面、客观、准确测评英语课程思政效果的方法。《深化新时代教育评价改革总体方案》强调要坚持把立德树人成效作为根本标准，以及强化德育评价、体育评价、美育评价、劳动教育评价等。这些都可以在评价标准中通过恰当的方式得以一定程度上的体现。

评价不仅包括对教学效果和学生学习的考查，还需对整门课程进行综合评估。美国东北高等院校设计了一套课程评估的模型(见图 4-4)(NortheastUniversity, 2020)，涵盖学期前、学期中、学期末以及学期后对课程、教学效果、教学过程的各种评价、审查、调整。可借鉴此模型来评估英语课程思政。通过学期前的讨论和准备、学期中的教学(形成性评价教学)、学期末的考核、学期后的反思和调整，构建一套有利于英语课程思政建设的综合评价体系。

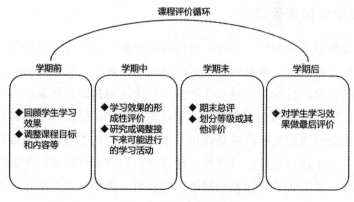

图 4-4　课程评价循环

本书针对课程思政背景下的英语课程，从构建的 BIPA 模型的三个方面阐述了新时代英语课程改革的一些思路和建议。在课程思政的大背景下，英语课程改革面临新的难题：首先，课程内容如何有机融合思政内容，使得英语课程既不失去语言学习的本质和学生语言交际能力的提高，又能兼顾思政方面的要求；其次，教学过程如何通过形成性评价贯彻课程思政的内容，使得课堂既有趣又起到思政的作用：最后，如何评价课程思政的效果，做到既恰当又准确。本书在这些方面都提供了一些参考建议。

课程思政是思政课程的重要论述和举措。英语课程需全面推进课程思政建设，发挥好英语课程的育人作用，提高我们国家英语人才培养质量。

第二节　高校英语课程教材中思政元素的利用

在英语教育的全过程中，一定要深入贯彻思想政治对英语专业教学的引导作用，通过课程思政这个主渠道与英语教学形成有效配合，两者共同运行产生积极的作用。高校英语课程的特点是涉及面广、知识量大，同时承担着思想政治素质的内容作为精度课文的重任，因此学生学好专业课就必须将思政教育内容作为英语课程教学的主要任务之一。

一、高校英语课程中蕴含的思政元素

（一）理想信念

理想信念是一个人乃至一个国家民族精神的原动力，具有凝聚人心、团结奋斗、克服一切艰难困苦、夺取革命伟大胜利强大的作用。新青年的五点要求，其中第一点即是坚定理想信念。陈宝生部长在全国教育工作会议上也强调，坚定青少年理想信念。要广泛开展理想信念教育，筑牢青少年一代思想根基。青年学生的理想信念关系着祖国的前途和民族的未来，关系着党的事业和社会主义建设的兴衰成败。在《新视野高校英语读写教程》（第三版）第二册 unit 1 text B《Chance favors the prepared》一文主要讲了莱斯·布朗心怀 DJ 梦想，不管其他人的嘲笑与讥讽，他心中一直铭记自己的目标并为之不断做准备，最终抓住机遇实现自己梦想的故事。英语教师可以在课堂上请学生畅谈个人理想，帮助学生走出迷惘状态，树立正确的理想信念，引导学生自觉将个人理想与国家前途命运相结合。在《高校英语精读》（第三版）第五册 unit 10《I have a dream》一文是美国黑人民权运动领袖马丁·路德·金的演讲稿，即《我有一个梦想》。文章主要内容是为了反对和消除种族歧视，为全美国的黑人争取自由平等的人权而发出的呐喊。英语教师可组织学生对马丁·路德·金梦想的实现进行讨论，在讨论的基础上引导学生进行辩证分析，在教学中浸润我们的"中国梦"，引导学生要认真学习、激励学生要不懈努力、艰苦奋斗，引导学生把个人理想融入实现中国梦的过程中，积极投身于实现中华民族伟大复兴的生动实践。

（二）社会主义核心价值观

大学时代是青年学子价值观和人生观形成的关键时期，大学生价值取向的发展将影响未来整个社会的价值取向。因此，用社会主义核心价值观引领大学生正确价值观的形成显得尤为重要。在《新视野高校英语读写教程》(第三版)第一册 unit 7 text A《Hoping for the better》一文中，讲述的是报纸版面和电视新闻充斥着不计其数的有关欺骗、说谎和诈骗的报道，诚实似乎已经成为正在迅速消失的价值观。英语教师可结合社会主义核心价值观中的"诚信"和"马克思主义新闻观"强调的新闻"真实性原则"，引导学生坚守正确的公民道德价值准则。《新视野高校英语读写教程》(第三版)第一册 unit 7 text B《Rays of hope in rising rudeness》一文中，讲述的是粗鲁的语言和态度在现代生活中越来越常见，人们抵制传统价值观及传统习俗，现代快节奏的生活方式催生了不懂礼貌的社会，人们不遵守社会公共秩序和社会行为准则，不文明现象肆意妄为到处滋长蔓延。教师可以结合社会主义核心价值观中的法治，简要阐述中国特色社会主义法治思想，引导学生学法、遵法、守法、用法，提高学生的宪法意识和法治观念，依照宪法和法律行使权力和履行义务。在《新视野高校英语读写教程》(第三版)第三册 unit 5 text B《The joy of a prideful tradition》一文主要讲了敬业精神，主旨思想是在为社会建设做出自己的贡献时，不论事情的大小，都必须努力把它做好。敬业精神的本质就是一种奉献精神，英语老师可以结合我国典型的爱岗敬业事例和人物，引导学生要热爱自己所从事的工作，始终勤勤恳恳，笃行不倦。

（三）中华优秀传统文化

中华民族五千多年的文明史孕育了中华优秀传统文化。中华优秀传统文化是中华民族的"根"与"魂"，积淀了中华民族最深层的精神追求。中华文化博大精深源远流长，至今能屹立于世界文化之林是凝聚了无数华夏儿女的精神智慧。在历史的长河中，形成了中国人独特的思维观念、风俗习惯、生活方式和情感方式，这些独特的精神并不会随时间的流逝而消失，反而会随着时代前进的脚步得以不断革新和发扬光大。只有深深扎根于传统优秀文化，才能从中吸取养分获得更多的力量。在《新视野高校英语读写教程》(第三版)第三册 unit 8 text A《Reflections of a Chinese mother in the west》和 text B《A Western mother's response》，这两篇文章主要讲述了不同社会文化背景下，导致中西方教育理念存在的差异。英语老师可以举出一些中西方不同教育观的实例佐证，并不是所有的西方文化都是优秀的、可取的，从而引导学生增强本民族文化自信。《新视野高校英语读写教程》(第三版)第四册《unit 5 text A Speaking Chinese in America》，文章主要介绍了不同文化间的差异性。《新视野高校英语读写教程》(第三版)第四册 unit 5 text B《Culture makes the business world go round》一文主要讲了商业成功的最大障碍是由文化树立的障碍。因此，为了取得商业成功，学会了解和协调更深层次的文化差异是极其重要的。由此可见，文化差异不仅会影响人际交往，同时还会影响商业交易是否取得成功。英语教师可以请同学根据日常所学知识，列举出中西文化的差异，然后进行对比，找出中西文化的优缺点，鼓励学生汲取西方优秀文化成果，同时弘扬和传承中华优秀传统文化。英语教师在讲解中西文化差异时，着力培养学生对本民族文化自信；培养学生强烈的民族责任感和对国家的认同感；培养学生在跨文化交际中努力讲好中国故事，提高中华文化软实力。

(四)人格品质

人格品质教育是思想政治教育的重要内容之一。有着健全人格、高尚品质、意志坚强、正能量、充满社会责任感、无私奉献等特征的人会比仅仅拥有足够的知识更加重要。高尚的品质是人的立身之本，是通往成功的第一阶梯。浸润人格品质教育有利于学生对自身发展进行清晰客观的定位，有利于维护和促进社会和谐稳定。在《新视野高校英语读写教程》(第三版)第三册 unitl text A《Never, ever give up!》一文，主要讲了几位西方伟大人物如丘吉尔、爱因斯坦、爱迪生和林肯等人的顽强意志力和超凡的人格魅力，以及为了追求成功永不言弃的精神。英语老师可以结合新时期"青年观"，教育学生不要害怕吃苦，不要害怕遇到困难，青春就是用来奋斗的。在《新视野高校英语读写教程》(第三版)第三册 unit 3 text A《Audrey Hepburn — A true angel in this world》一文，简述了奥黛丽·赫本的人生传记，虽然童年时期经历过战争带来的恐惧，但是她并没有让自己的精神受到生活残酷现实的影响，相反她克服了生活带来的种种磨难，最后成为一名著名的女演员。成名之后的她，怀着强烈的社会责任感和无私奉献的伟大精神，去帮助那些正在遭受生活苦难的人——尤其是儿童。英语老师可以结合挫折教育的案例，告诉学生现代社会到处充满挑战和压力，生活中碰壁也是正常的，鼓励学生要有勇气面对逆境中的困难，永远对生活充满热情。在《高校英语精读》(第三版)第三册 unit 5《The day mother cried》一文中，主要讲了妈妈为了家里能增加积蓄，供我和妹妹上大学，在学习使用打字机的过程中总是受挫、不断碰壁，但妈妈一直不放弃用打字机练习打字，最后成为一名报社记者的故事。作者每当遇到困难想打退堂鼓时，就会回想起妈妈永不言弃的精神，给他此后的人生以很大的勇气。英语老师可以从这以上几篇文章中挖掘出蕴藏的人格品质的内容，可以以这些伟人和平凡人身上具备的优秀人格品质为出发点，鼓励学生在人生路上遇到挫折时，要有不怕失败永不言弃的精神，培养学生吃苦耐劳的品质，鼓励学生在社会实践中实现自己的人生价值。

（五）国际意识

高校英语教学中融入了大量的课程思政元素与资源，教师需深入地研究、挖掘并利用，以便更好地完成高校英语课程教学的目标。同时引导学生有坚定的道路自信、理论自信、制度自信和文化自信。学生英语综合应用能力的培养有助于学生建立远大志向，有助于培养学生国际交流意识。

二、高校英语课程教学中思政元素的利用

首先，在现有的英语教材中，注入了许多思政元素，英语教师要深入挖掘社会主义核心价值观与中国传统文化的精髓。在课堂活动进行时，教师在讲解书上内容时，可以穿插传统文化用英语是如何表达的，可以将中国故事、中国成语用英语方式表达出来，使学生能够分清中国文化与世界文化的不同，这样不仅能够提高学生的语言表达能力，还能提升学生民族自信心和文化自信。

其次，教师在深入挖掘英语教材中思政元素时，需要将语法表达与思政内容融为一体。思政内容可以穿插到英语课内内容和课外内容中，做到既有主要成分，又有次要部分。

在进行课堂学习前，学生要有意识地进行预习。教材当中针对预习可以适当加入多个板块，不仅有自主预习，还可以加入小组形式的预习。以小组形式布置任务，可以要求学生在搜集西方文化信息时，按照教师的引导思路比较国内文化与西方文化，同时学会批判性的思考和分析西方世界的社会问题，最终加深学生对西方文化和中国文化的认识，在以后的就业中学会中国表达，用正确的英语表

达传承中国文化。

第三，英语教材中出现的关于社会主义核心价值观内容，需要学生以单元形式结合实际生活，每堂课的主题内容可以包括现代公民核心价值体系的重要组成部分，内容真实，如以爱国情结、诚实守信、团结友善等为话题展开的教学材料，在学习时再以讨论的形式让学生加以深刻认识，做到思想上引领。

第四，学生还可以自行融入其他学习方法，如以小组为单位组织学生编小短剧，在课堂上展示，这种更接近学生生活的方式不仅可以让学生深入了解正确的三观，还能促进学生的思考和共鸣。所以这种突破原上课方式的新活动，不仅能激发学生的学习兴趣，还能拓宽学生的视野，产生有益的影响，实现知识传授和价值引领的意义。同时，在课堂进行时，可以利用下课前五分钟，让同学们自行翻译关于党章等内容，通过本堂课的学习，让学生试着练习，不仅提升了学生专业知识的基础应用水平，还能让学生学习到思政教育的内容，进而充分发挥思政教育在英语课堂的时效性和优势。

本书在前面已经提到了利用微信群实施"课程思政"，但只是高校教育针对一线英语教师提出的方法和策略。因此学生也可以利用微信进行课程思政的学习，教师在教学过程中，有针对性地将学生关注的热点话题做筛选，将新鲜、积极、有意义的话题用微信推送的形式和学生一起学习，学生在学习的过程也可以相互沟通、讨论、交流，教师可以在学生遇到疑难时及时帮助解答，使得学生能够客观地学习政治理论知识。

三、课程思政与高校英语教学的相融合

自课程思政这一概念提出以来，许多高等院校的高等院校英语课堂已大力推进以"课程思政"为目标的教学改革。虽然教育部提出了课程思政的概念，但是在实施中还是遇到了许多问题。首先，大多数英语教师还是以传统的教学模式为主，将课堂作为教学实施的主体环境，并且课堂教学还是以教师讲、学生听为主，教师布置任务，学生负责实施任务。这种以听说读写、翻译为主的模式，最终的教学目标还是以学生英语技能的应用为主，以学生英语水平能力的提高为主要教学目标。在课堂教学的各个环节中，缺乏思想政治教育的意识。其次，在开展教学过程中，大多数一线英语教师只有英语专业对口，缺少思想政治理念，没有丰富的思想政治文化背景与经验。所以，英语教师的思政教学内容过于肤浅，传授的知识点从深度上来讲与思想政治教育联系不紧密，不能够实现英语知识内

容与思想政治内容相互统一与协调。第三，对内容的设计，教学方法的创新，一线英语教师不知如何下手，思政元素的内容设计不能够与英语知识相配合，不能将思政教育有效贯穿到英语教育中，引起学生的学习兴趣，并且使学生能从思想上学会反思，这主要取决于英语教师对思政教育内涵的理解和认知。第四，关于课程思政在英语教学中的评价。高校教师的教学评价的方式，还是多以有标准答案为主，以考试的方式进行评价，这样只是检测到了学生听说读写、翻译方面的能力，但是缺少了学生思想意识形态方面的评价。那么，如何解决当前英语课程思政中所出现的问题，编者主要从以下几个方面进行改进。

（一）努力挖掘教材中的思政元素

关于德育教育、思政教育的内容较少，相关词汇提到的也不多，为此导致高校学生对思政的获取程度不高，即使学生很用心，不论是自学还是预习都意识不到教材中思政教育带来的作用，因此，这对增强高等院校英语学习中思想道德、政治理念的认知不利，不利于青年学生对国家发展有强烈的责任感和民族意识，也不利于青年学生对本民族传统文化认知的自觉性，缺乏文化自信。

（二）比较中西方文化价值观

高校英语教学的改革创新包括两种活动形式，一是在英语课堂教学中加强课程思政教育，二是在课外实践活动中注重课程思政的教育。高校英语教学初步看是一门语言学科，但是挖掘其课程体系，又能反映出蕴含在语言体系中的西方文化价值观，这种具有隐蔽性，且潜移默化的西方价值观会对我国高等院校英语学生的学习和社会主义核心价值观产生影响。在英语学习中，英语专业学习的学生是接触西方文化意识形态、与其产生碰撞的群体，因而高等院校英语教学的改革和创新需要一线英语教师更新想法、改进教学思路使学生分清社会主义发展与资本主义发展，只有高校学生能够对不同社会制度、不同文化价值体系有深入理解，才能实现英语教学与思政课程同步进行的教育方针。通过问卷调查我们知道，在平时英语课堂教学中，一是教师改进教学方法，因材施教，认识以学生为主体到教学任务的重要性；二是教师要在课程内容中融入社会主义核心价值观，与学生产生活动，共同探讨关于人生价值和人生目标的问题。三是教师要根据课堂环境改变教学策略，现代青年学生有不一样的人生观、价值观、世界观认识，所以在英语课堂教学中，教师要因地制宜、因材施教开展课程思政教育，最终使学生在学习成长过程中有科学、健康、全面的认知模式，同时教师也实现了课程思政教育的目的。

（三）自主提高思政元素的认知度

在英语教学中，我国与西方教育做过一定的比较，并且持续了一段历史。英语教师在上课中除了要引导学生学习专业知识，还要学生学会通过对比、判断，进行有效选择和辨析，选择正确的价值观。学生有了正确的价值观后，就可以提高英语学习中课程思政的认知，学会增强自身的文化自信。现代教育所希望培养的学生正是在践行社会主义核心价值观的高度上提高文化修养和文化自信。高校学生在英语课堂学习中加入课程思政的教育，不仅能够帮助学生学习本专业课程，帮助学生接触和了解西方文化及其他专业文化，进而找准自身的位置和目标，还能使学生学会对自己反思，更深入地了解自身文化的掌握程度。高校学生在英语学习中，难免遭受外来文化的侵入，但是在英语课堂教学中，如果融合课程思政教育元素，将优秀的传统文化进行融合，将使学生去除杂质，保留精华，加深文化自信和民族认同感。

综上所述，高等院校英语课程中有思政元素的融入、参与和认知，按照这种方式可以很好地促进课程思政理论的发展。加深高校英语教材中思政原色的融入，不仅有利于树立良好的教师形象，还有利于英语师资力量的提升。在英语教学中开展隐性思政教育，对提高学生的英语学习和学习英语价值的取向有重要作用，不仅激发了学生的爱国主义情怀，坚守社会主义三观，还能加强学生文化修养和文化自信，最终促进学生拥有健全的心理和道德发展水平。

第三节　高校英语课程思政教学的实践研究

高校英语教学是我国高等教育的重要组成部分，英语课程思政建设是新时代高校"大思政"育人格局不可或缺的一环。高校英语作为高校的一门通识基础课程，具有课时多、周期长的特点。学生在课程中能够接触到大量的英文原版材料，这些素材也覆盖了思想道德培养的各个方面。语言和思想是紧密结合的，学生在课程中了解异域文化的同时，会感受东西方价值观的差异，意识形态极易受到冲击，需要教师给他们正确的价值观引导，帮助学生树立和培养文化自信和民族自信。因此高校英语课程在贯彻立德树人基本任务方面具有重要价值。根据我校不同专业学生的学情状况，在教学实践中，将思想政治教育、中国传统文化传播、西方优秀文化借鉴贯穿教学全过程，寓思想政治教育元素于多样化课堂教学中。具体教学实践情况及成效分以下几方面阐述。

一、激发教师开展课程思政的动力，提升教师课程思政教学能力

近年来，菏泽学院外国语学院一直致力于打造课程思政精品课建设。从师资实力方面看，有专任教师 65 人，大多数成员均致力于一线教学活动 10 年以上，教学经验丰富，教师年龄层次分布合理。教师中副教授以上 20 人、讲师 45 人。近年来积极参与课程思政教学改革课题、高教社举办的教学比赛及微课大赛活动，有四人均获二等奖。教师对教学认真负责，善于在教学中发现存在的问题，近年来在高校英语课程思政教学领域做了丰富的研究，发表论文并承担省市级社科项目和校级教改项目数十项。

外国语学院对教师进行各类培训，如线上线下课程思政教学改革专题讲座、英语课程思政示范课观摩等多种方式，帮助教师更新教学观念。并深入理解课程思政内涵，明确其在课程思政建设中的具体责任，激发教师参与课程思政建设的内在动力。近两年来，课题组成员积极参加各类网络资源的学习，如 2021、2022 年暑期钉外研社本科系列英语直播教学讲座 15 场，2021 年 3 月的第五届全国高等学校英语教育改革与发展高端论坛：课程思政论坛的在线直播，等等。

教师对开展视听说课程思政所需的素材进行了收集和整理。从内容上看，有党和政府重要文件如十九大报告、十九届六中全会公报等，还有国内外重大新闻时事，比如新冠肺炎疫情防控、人类命运共同体建设以及 2022 年北京冬奥会等。从来源看，思政素材有图书音像和网络资源等形式，书籍包括《中国古代经典名句英译》《用英语介绍中国》等，纪录片如《鸟瞰中国》《中国故事》。网络资源如 China Daily、新华社、学习强国和英语点津等等。

二、重设思政课程教学目标，挖掘教材内蕴思政元素

立德树人、课程思政对高校英语教学提出了新要求、新目标。具体而言，人才培养要从知识传授、能力培养转向更高的目标"知识传授＋能力培养＋品格塑造（价值引领）"，三者有机结合，扎实树立三全育人的目标。

高校英语教材中所蕴含的课程思政元素非常广泛，教师要根据英语课程的知识、能力、价值目标，对课程内蕴的思政元素进行提炼和整合，通过学习语言知识，培养关键能力，实现价值观的塑造，使思政教学达到有机融合，润物无声。以《新时代高校英语视听说教程1》（南京大学出版社）为例，具体呈现见下表。

表 4-1　新时代高校英语视听说教程 1 教学目标

单元	思政目标	思政元素
Unit 1	正确的人生观、价值观引领	视频 the Golden Dress 关于珍惜青春的理念以及 Long Conversation 中规划大学生活的对话。
Unit 2	树立文化自信，做好文化对外传播	文章 the Magic of Silk Road 中关于古代丝绸之路的起源和发展，视频 Nixon in China 尼克松访华的故事。
Unit 3	正确的幸福观、金钱观的树立	对话 Happiness is about Respect, not Riches 及 Topic Related Quotes 关于"君子，素其位而行，不愿乎其外"的解读。
Unit 4	强体健身，锤炼坚强意志力	Sports and Motivation 中姚明的新闻访谈，Speaking and Creative Thinking 中关于如何养成健身习惯。
Unit 5	科技兴国，创新发展的理念	Genes and Future 里关于未来科技创新的对话，以及视频 Red Genes 中对于红色基因的解读。

三、运用混合式教学方法，拓宽思政教学路径

基于混合式教学模式，利用微信群以及学习平台雨课堂、U 校园等，课前给学生布置任务，学生利用线上资源进行充分的口语练习，把课程思政的内容贯穿其中。课堂上，对文章和对话进行精听精练，通过讨论、小组汇报、角色扮演等多种活动，激发学生参与意识，培养团队精神，在润物细无声中实现课程思政的目标。如《新时代高校英语视听说教程 1》Unit2，教师先通过学习平台布置任务，学生收集有关丝绸之路的资料。课上精听 the Magic of Silk Road，让学生由此展开讨论：What can you do for China in the future? 通过主题讨论，同学们增强了对丝绸之路和中西方文化交流的了解，树立了要为中华文化传播做出贡献的信念。

线下依托学习通 APP、U 校园智慧教学云平台、FIF 讯飞学习平台以及微课资源等，拓展学生的兴趣。开展多种形式的实践活动，如让学生以小组为单位，以每个单元主题制作思政主题 PPT 并课上展示；让学生拍摄思政主题的英文短视频；举行中国文化英语微视频大赛、演讲比赛、文化创新活动等，将思政内容自然融入其中。

四、构建综合评价方式，让评价向多维度延伸

有效评价和巩固高校英语教学中思政教育成果，将学生学习效果考核评价从

单一的专业维度，向人文素质、社会责任感、团队协作力等多维度延伸。高校英语视听说形成性评价体系由过程性评价和终结性评价构成，除了期中期末的测评，还增加对学生学习态度、团体合作、比赛情况等方面的评价。

学习小组线上线下的合作学习成果在课堂上评价完成，主要包括小组制作PPT、项目报告、音视频拍摄作品等主要内容。自主在线学习成绩根据学习平台的系统评价结果而生成。在教学的各个不同阶段，根据教学内容和重点确定不同的学习任务和采用不同的评价方式。

五、英语课程思政教学的成效

学生在学习和参与实践活动方面的主动性得到提升。首先，学生的学习态度更为积极主动。经调查发现，学生普遍认为高校英语视听说课程的教学方式灵活多样，内容丰富有趣。学生课上提问、讨论的热情增加，课下与老师的沟通意愿增强。学生不仅与老师交流学习方面的困惑，而且探讨有关情感、未来人生规划等方面的内容。其次，学习成绩逐步提升。与前几届学生相比，无论是专科或者本科班的学生，期末英语成绩不及格率降低到 $1\% \sim 3\%$，优秀率提高了 20%。学生参与实践活动的积极性高涨，每年参加外研社举办的演讲、写作比赛，批改网作文大赛及讯飞 AI 口语挑战赛，有多名同学获奖。

英语课堂思政教学在贯彻立德树人基本任务方面成效显著。语言和思想是紧密结合的，将课程思政融入高校英语课堂教学中，以课程为载体，将学科资源内化为育人资源，注重知识传授与能力培养，更重视价值塑造。不但使学生提升了专业素质、品德修养、自主学习和沟通协作等多方面的能力，更帮助学生树立和培养文化自信和民族自信，进而深刻认识到社会主义制度的优越性。

六、高校英语课程思政教学案例分析

《高校英语》Unit 4 The American Dream

Text A　Tony Trivisonno's American Dream

课程性质：公共基础必修课

授课对象：大学一年级非英语专业学生

教学方式：线下授课

（一）课程简介

《高校英语》是高校通识教育的一个重要组成部分，兼具工具性和人文性双重性质。本课程的指导思想包含英语教育和思想政治教育两个方面。英语教育方面，以"三全育人"教育理念为指导思想。思想政治教育方面，以立德树人为根本任务，寓价值观引导于知识传授和能力培养中，将育人和育才相统一。坚定学生理想信念，厚植爱国主义情怀，加强品德修养，将课程思政融入课堂教学建设全过程。

本课程以产出导向法、建构主义、PBL、任务型教学法等理论为指导，从知识、能力、价值观三个维度出发，探索符合学校人才培养目标和学生专业特点的高校英语教学模式。在知识获取方面，希望学生能够获取英语语言知识、文化知识和专业知识；在能力提升方面，希望学生能够提高英语应用能力、跨文化交际能力、思辨能力和"用英语讲好中国故事"的能力；在价值塑造方面，希望学生能够坚定理想信念，增强"四个自信"，树立正确的世界观、人生观和价值观。在教学中，充分利用信息技术，灵活选用教学方法，创建多元的教学环境。以教材为主体，引入与单元主题密切相关的拓展材料（中华优秀传统文化、先进成果等），精心设计多样化的教学活动，在学生掌握教学内容的同时，潜移默化地对学生进行思想政治教育。

（二）课程思政总体设计情况

本课程根据《高等学校课程思政建设指导纲要》，结合学校培养应用型人才的目标，将价值塑造、知识传授和能力培养融为一体，寓价值观引导于知识传授和能力培养之中，将育人和育才相统一，不断完善课程思政内容体系。课程思政的总体设计主要是以学生的理想信念为主线，培养学生有浓厚的爱国主义热情和爱国主义精神，不仅爱自身，还要学会爱国、爱党、爱人民和爱集体，要坚定不移地爱社会主义，遵纪守法，提高自身的文化道德修养。课程思政的总体内容要及时综合优化，将建设中国特色社会和实现伟大的中国梦为各单元教材主题的内容设计，延续社会主义核心价值观，加强学生心理素质教育，建设法治教育、加强体育锻炼，传承优秀的传统文化。

在课程思政建设目标方面，本课程以立德树人为根本任务，将课程思政贯穿课程教学建设全过程，以坚定学生理想信念和增强学生的"四个自信"为宗旨，以提高学生的英语应用能力和综合人文素养为目标，以培养学生跨文化交际能力、思辨能力和"用英语讲好中国故事"的能力为要求，以培养学生跨文化交际意识和弘扬中华优秀传统文化的意识为导向，从德、智、体、美、劳五方面对学生进行全面培养。在具体教学过程中，根据教学内容细化每次课的思政教育目标，使思想政治教育更加贴切；引入恰当的英语课程思政教学材料，思想教育与英语教学同向同行；部分产出任务具有思政教育性，思想政治教育更加走心；加强对学生的德育、智育，强化对学生的体育、劳育和美育；适当补充与学生专业相关的英语教学材料，英语教学与专业教育同心聚力。

在优化课程思政内容方面，以立德树人为出发点，精心选择与教学单元主题密切相关且对学生具有思想政治教育作用的材料，使思想政治教育"润物细无声"，促进学生从认知上主动接受思想政治教育。在内容供给上主要从两个方面入手：一方面，从 China Daily，人民日报、CGTN、学习强国等权威渠道查找贴合教学单元主题且与政治认同、家国情怀、文化素养、宪法法治意识、道德修养等重点内容密切相关的素材，不断丰富课程思政内容，在达到对学生进行思想政治教育目标的同时，又起到丰富学生英语语言知识和为学生"用英语讲好中国故事"做好内容储备的作用。另一方面，在征得当事人同意后，将具有思想政治教育作用的学生优秀产出成果纳入本课程自建课程思政资源库，丰富课程思政资源库的同时，促进学生相互学习，增强学生英语学习的自信心。

（三）课程思政教学实施思路

高校英语教学是以英语语言知识与应用技能、学习策略和跨文化交际为主要内容，以培养学生的英语综合应用能力为目标，以英语教学理论为指导，集多种教学模式和教学手段为一体的教学体系。作为高校公共基础必修课，本校高校英语课程面向大一、大二年级的非英语专业学生，以《全新版高校英语综合教程》(1～4 册)和《新标准高校英语视听说教程》(1～4 册)为教材，每学期每本书重点讲授 4～5 个单元。在授课时以各教学单元为主体，从英语教学和对学生进行思想政治教育两个角度出发，不断丰富与各教学单元主题密切相关的英语教学材料和思想政治教育材料，完善课程内容。

本课程以提高立德树人的成效为目标，以多元化的教学理念为指导，灵活选用教学方法，通过多样化的教学活动，培养学生的英语应用能力、跨文化交际能力、思辨能力和"用英语讲好中国故事"的能力，提高学生人文素养，加强本课程对学生的思想政治教育和价值引领。课堂教学和学生课下自学、课下合作学习相结合，信息化教学和传统教学相结合，课程思政目标和产出任务相结合，完成对学生进行价值塑造、能力培养和知识传授的任务。

在创新课程思政建设模式和路径上，从以下三个方面入手。

首先，不断丰富课程思政教学材料的内容和分类。一方面，持续更新课程思政教学材料，增强材料的时代性，缩小材料和学生的距离，有利于学生主动接受思想政治教育。另一方面，加大图片、视频类材料的比例，从多感官提高学生对材料的注意程度，有利于提高对学生进行思想政治教育的成效。

其次，在课程思政总目标的框架下，根据课程内容，细化每节课的思想政治教育目标，思想政治教育与课程内容有机融合，让思想政治教育更贴切、更用心。此外，根据学生专业，选择符合学生专业特点的课程思政材料，制定与学生专业特点相契合的思想政治教育目标，以更好地引起学生的共鸣，提高课程思政的成效。

再次，课程思政要把课堂教学与学生的课后活动相结合。在课堂上，通过教师讲授、学生讨论、情景再现等多样化的教学活动，实现对学生进行思想政治教育的目标。在课下，通过布置适当的与教学单元主题相关且具有思想政治教育目的产出任务，让学生在完成任务的过程中自主接受思想政治教育，使思想政治教育更加走心。与此同时，学生的优质产出成果可以丰富课程思政资源库，激励学生相互学习，同时增强学生英语学习的自信心。

（四）教学特色与创新

（1）根据教学内容细化每节课的思想政治教育目标，思想政治教育更贴切、更用心。

（2）从权威渠道引入与教学单元主题密切相关的英语课程思政教学材料如中华优秀传统文化先进成果等，增强学生的"四个自信"、跨文化交际意识，提高学生的思辨能力，丰富学生的英语知识储备，为学生"用英语讲好中国故事"打好基础。

（3）根据单元主题，适当布置具有思政教育性的产出任务，学生在完成产出任务的同时，进行思想政治自我教育，思想政治教育更加走心。在征得当事人同意后，将学生的优质产出成果纳入课程思政资源库，丰富课程思政资源库，激励学生相互学习，增强学生英语学习的自信心。

（4）在对学生持续加强德育、智育的基础上，强化对学生的体育、劳育和美育；根据单元主题，适量补充与学生专业相关的英语材料，丰富学生的专业知识。

(五)具体课程设计

教学目标	根据学校培养应用型人才的目标和具体学情,以产出导向法、建构主义、PBL和任务型教学法等理论为指导,从知识、能力、价值观三个维度出发,以夯实学生的英语语言知识为基本目标(知识目标),在学习课文的过程中对学生进行听、说、读、写、译综合训练,培养学生的英语应用能力、跨文化交际能力、思辨能力(能力目标),加强学生对中国梦的认同,引导学生思考如何才能实现个人梦想以及个人梦想和中国梦之间的关系,激发学生为实现中国梦而奋斗的使命感(价值目标)。 　　1. 知识目标 　　(1)理清文章线索,了解文章大意; 　　(2)掌握重要语言点并能在具体语境中恰当使用; 　　2. 能力目标 　　(1)能够恰当流畅地阐述自己的梦想; 　　(2)能够就"梦想"这一主题写出一篇较高质量的文章; 　　3. 价值目标 　　(1)能够深刻理解并认同"中国梦"的内涵; 　　(2)能够深刻领悟个人梦想和"中国梦"之间的关系。
教学内容分析	1. 学情分析 　　本课程授课对象为大学一年级第一学期的非英语专业学生,处于从高中英语学习向高校英语学习过渡的阶段,学生的英语水平和英语学习需求存在较大的个体差异性。整体而言,学生有较强烈的表达意愿,学习积极性较高,接受能力较强,但是主动获取英语信息和组织语言进行英语表达的能力不足,辩证思考能力不足,跨文化交际能力不足。 　　(1)教学重点 　　①语言重点: 　　本课重点词汇及其具体用法、篇章结构特点; 　　"中国梦"内涵的英语表述。 　　②能力重点: 　　抓取文章关键信息; 　　从例证中总结事物的本质特征,辩证看待事物的能力; 　　用英语准确阐述"中国梦"的内涵;

辩证看待不同文化，理解、尊重不同文化。

③价值重点：

理解并认同"中国梦"的内涵；

领悟个人梦想和"中国梦"之间的关系；

引导学生树立远大理想，激励学生为实现"中国梦"贡献自己的力量。

（2）教学难点

如何在授课中恰当渗透思想政治教育（实现梦想必备的要素、"中国梦"内涵的英语表述），如何将个人梦想与"中国梦"的关系讨论融入知识传授和英语表达能力的提高之中，如何结合学生的专业特点激发学生的使命感。

2. 对重点、难点的处理

本节课通过讨论、提问等教学活动理清文章的时间线索，通过文章线索了解课文主人公实现个人梦想的过程和实现梦想所必备的要素，引导学生反思如何才能实现自己的梦想。根据文章内容总结"美国梦"本质，引入"中国梦"讨论分析"中国梦"内涵的英语表述及"中国梦"的本质，引导学生思考个人梦想和"中国梦"的关系。通过黄大年事迹，引导学生领会个人梦想和"中国梦"紧密相连的关系，即个人的奋斗离不开国家，离不开"中国梦"的实现；同时，"中国梦"的实现，特别是中华民族伟大复兴的实现，又有赖于每一个人最大限度地把自己的聪明才智和创造力发挥出来。

对于本课普通生词，学生通过单词列表和上下文了解其大意和用法；对于本课重点词汇，教师通过展示例句或引导学生翻译例句的方法，使学生熟悉并掌握其具体用法。学生通过找出文中的时间线索，理清篇章结构，了解文章大意以及课文主人公实现个人梦想的过程和要素。通过提问学生的个人梦想，锻炼学生的英语口语表达能力；通过提问"中国梦"内涵的英语表述，让学生意识到表达上的不足，激发学习欲望。展示"中国梦"内涵的英语表述，丰富学生的英语知识；通过黄大年的事迹，让学生领悟到个人梦想和"中国梦"紧密相关，激发学生为实现"中国梦"而奋斗的使命感。

（一）课前预习作业

1. 阅读课文 Tony Trivisonnos American Dream，找出文章中的时间线索；

2. 思考用英语如何准确描述自己的梦想。

（二）课堂导入

1. 教师分享个人经历，引入本次课主题并提问学生："你的梦想是什么？""你能不能恰当且流畅地阐述自己的梦想？"

	2. 由上述两个问题引出本次课教学目标：
	(1)知识目标：①理清文章线索，了解文章内容
	②掌握重点词汇的用法
	(2)能力目标：①能够恰当且流畅地阐述自己的梦想
	②能够就梦想这一主题写出一篇高质量的文章
	(3)价值目标：①理解"中国梦"内涵的英语表述
	②领悟个人梦想和"中国梦"的关系
	(三)课堂教学
	1. 课文分析
	(1)互动提问：从文章标题能获得什么信息？
	从文章标题可知，课文可能是关于主人公 Tony 如何实现自己的"美国梦"的故事。提出两个问题：
	①Tony 的"美国梦"是什么？
	②Tony 如何实现了自己的"美国梦"？
	(2)互动提问：课文中有哪些时间线索？
	one evening，summer passed into fall，months passed，a year or two passed and after about two years
课堂组织 与实施	(3)互动提问：作者如何通过时间线索展示 Tony 的故事？
	提示学生找出每个时间线索内，Tony 的奋斗过程以及结果。结合课文内容进行分析，得出如下结论。
	One evening：move the lawn, a good helper.
	Summer passed into fall：clear the snow, a good worker.
	Months passed：be an apprentice, a skilled grinder.
	A year or two passed：buy a house, a delighted houseowner.
	After about two years：buy a farm, a successful dream chaser.
	(4)学生回答课文分析前提出的两个问题：
	①Tony 的"美国梦"是拥有一个农场。
	②Tony 通过不懈的努力，一步步地实现了自己的"美国梦"。
	(5)互动提问：Tony 成功的秘诀是什么？（结合课文内容进行分析，得出如下结论。）
	Tony 的优秀品质(determination, optimism, integrity, confidence, vision)、进取心(enterprise)以及努力(hard work)是 Tony 成功的关键要素。进一步引申，这些优秀品质(determination, optimism, integrity, confidence, vision, enterprise and hard work)也是每个人成功的关键要素。

2. 重点词汇讲解

(1)assume：v.

①to think or accept that sth. is true but without having proof of it.

We can't assume the suspects to be guilty simply because they've decided to remain silent.

②to take or begin to have power or responsibility

China will assume its responsibilities from a global perspective, conscientiously undertake its international obligations, and step up international exchanges and cooperation.

③pretend to have a particular feeling or quality

Assume a virtue, if you have it not. (Shakespeare)

(2)integrity：n.

①the quality of being honest and having strong moral principles

翻译：在社会主义核心价值观体系中，爱国、敬业、诚信、友善是公民层面的价值要求。

In the core socialist values, patriotism, dedication, integrity and friendship are values that underlie individual conduct.

②the state of being whole and not divided

翻译：领土完整和国家统一，是实行民族区域自治的前提和基础。

Territorial integrity and national unification are preconditions and foundations for regional ethnic autonomy.

(四)课堂讨论

讨论1：学习课文，了解了主人公如何实现自己的梦想，这对你是否有所启示呢？你该如何实现自己的梦想呢？

学生讨论并回答，教师总结并点评：作为一名大学生，可能你们想在将来成为一名优秀的人才，怎样实现这一梦想呢？学好各科知识，通过各类资格考试，进行各类实操训练，最重要的还需要一颗爱国心，才可能成为一名合格的社会主义建设者。

讨论2：根据课文内容，总结"美国梦"的本质。

Tony的优秀品质、进取心和努力，使其实现了自己的"美国梦"。结合课文，"美国梦"本质上是个人梦想。

讨论3：改革开放以来，中美文化交流较多。通过课文内容了解了"美国梦"的本质，那么"中国梦"的内涵如何用英语表述？"中国梦"的本质是什么？

学生尝试讨论，教师适时提供帮助，然后教师总结：Achieving the reju-venation of the Chinese nation has been the greatest dream of the Chinese people since the advent of modem times. The idea is to make the country pros-perous and strong, rejuvenate the nation, and see that the people are happy. In essence it is the dream of the nation; it is the dream of the people.

讨论 4：如何平衡个人梦想和"中国梦"的关系？

通过提问，引导学生思考个人梦想和"中国梦"的关系。引入黄大年事迹，引导学生领悟个人梦想和"中国梦"紧密相连的关系。

(五)课堂总结

1. 布置作业

以"My Chinese Dream"为题目，写篇不少于150字的英语文章。

2. 内容小结

(1)教学方法

①讲授法(课文重点词汇及句子)；

②交际法、讨论法；

③任务型教学法(以学生的写作任务为导向，融入中国梦内涵的英语表述及个人梦想和中国梦的关系)。

(2)教学问题解决方案

分析学生存在的问题，设计教学活动，解决相应问题。

①学生英语口语表达能力不足

解决方案：设计由浅入深的讨论话题，适时向学生提供脚手架。

设置多个互动讨论，讨论围绕课文内容逐渐展开，由浅入深。随着课文分析，学生逐个完成与课文内容相关的讨论。

学生可能存在知识储备及重点表达储备不足的问题，因此在互动讨论中适时为学生提供脚手架，向学生提供必要的知识和词汇帮助。

②学生不了解本课重点词汇的用法

解决方案：精讲重点词汇，通过展示例句或翻译例句，学生掌握本课重点词汇在具体语境中如何使用的同时，锻炼学生的翻译能力。

③学生对中国梦内涵的英语表述不清楚，对中国梦本质的思考不足

解决方案：根据课文内容总结美国梦的本质，再由中美文化交流引入中国梦。根据学生以往所学，引导学生说出"中国梦"内涵的英语表述。教师明示学生

"中国梦"内涵的权威英语表述，总结"中国梦"的本质。

④对个人梦想和"中国梦"的关系思考不足

解决方案：提问学生如何平衡个人梦想和中国梦的关系，引入黄大年事迹，让学生从具体人物事迹中领悟个人梦想和"中国梦"紧密相连的关系。

⑤学生英语写作能力不足

解决方案：布置与本课主题相关的写作任务，锻炼学生的英语写作能力。

（3）课程思政理念分析

学生对于"中国梦"内涵的汉语表述比较熟悉，但是难以准确地用英语阐述"中国梦"的内涵。此外，学生较少思考个人梦想和"中国梦"的关系。通过本次课学习，学生在思想上应该有以下认识：

①理解并认同"中国梦"的内涵并能准确地用英语进行表述；

②领悟个人梦想和"中国梦"紧密相连的关系，结合自身专业，增强为实现"中国梦"而奋斗的使命感；

③主人公的优秀品质（决心、乐观、正直、自信、远见以及进取心和努力）也是每个追梦人所需要的。

教学效果分析（评价与成效等）	（一）成效 1. 丰富了学生的内容知识、篇章结构知识和词汇知识 通过课文分析及互动讨论，学生理清了文章线索，了解了文章内容和篇章结构。通过总结主人公实现梦想的要素，丰富了学生关于梦想的词汇储备。举例精讲重点词汇，学生掌握了重点词汇的用法。引导学生用英语阐述"中国梦"的内涵，丰富了学生关于"中国梦"的英语知识储备。 2. 学生的英语应用能力得到了锻炼 通过课堂互动讨论，学生的英语口语表达得到了锻炼。在分析课文的过程中，学生通过完成任务提高了英语阅读理解能力。通过引导学生翻译重点词汇的例句，锻炼了学生的翻译能力。通过完成课后作业，锻炼了学生的英语写作能力。 3. 学生的价值观得到了正向引导 通过黄大年事迹，不仅引导学生思考并讨论个人梦想和"中国梦"的关系，而且激发学生的奋斗精神和奉献精神。通过黄大年事迹，引导学生领悟到个人梦想和"中国梦"紧密相连，即个人的奋斗离不开国家，离不开"中国梦"的实现；而高校大学生要接受中华民族伟大复兴的历史使命，也就是将每个学生具有才华和创造能力最大限度地挖掘。

（二）教学反思

本次课完成了教学目标，但存在以下两个问题。

1. 部分学生的课堂讨论参与度有待提高

原因分析及解决方案：①学生对相关话题的英语素材积累不足，不知道如何表达自己的想法。对此，教师适时向学生提供表达所需素材，为学生搭建脚手架，帮助学生解决表达素材不足的问题；②部分学生存在惰性，不愿意主动参与课堂活动。对此，改进课程激励机制，学生的课堂表现及参与度纳入评价体系，激励学生主动参与课堂活动。

2. 课上对普通词汇的讲解不充分，部分学生未完全掌握普通词汇的用法

原因分析及解决方案：课堂教学内容较多，对普通词汇的讲解不足。对此，将普通词汇的讲解制作成微课视频，在课前向学生发放作为自学内容，通过要求学生在规定时间内完成任务点的方式，督促学生自学微课视频；通过每单元单词测验的方式，检查学生单词自学的成效。

七、实施高校英语课程思政教学的反思及启示

（一）不要牵强或喧宾夺主地开展课程思政

英语课程思政应该基于语言教学内容进行设计，遵循课程自身的特征和规律，充分挖掘课程知识内蕴的文化属性，由内而外，根植理想信念，引领学生主流价值的生成。把思政元素融入视听说课程中，要自然，不能过分地牵强。对于一些宏观层面的有关家国情怀、政治认同的内容，可以通过故事、案例、情境等途径呈现出来，避免学生感觉生硬而难以接受。另外，尽管我们未来仍要继续加大课程思政的力度，但也不能为了突出课程思政而没有限度地增加课程思政内容。在非思政课的课程中，学科教学还必须占主导地位。

（二）培养学生自信和健康的人格是立德树人的重要组成部分

增强学生自信心，培养学生健全人格，才能使其具备未来可持续性发展的能力。因此教师要注重课堂内外与同学沟通交流，让学生去发现自己的闪光点。在作者所教的非英语专业学生中，一部分学生英语基础薄弱，在英语学习上有很深的自卑感，因此教师的鼓励尤为重要。笔者有个学生在微信上说她有些抑郁，但她口语很棒，作者鼓励她报名参加英语演讲比赛并多次给她耐心指导。虽然她只得了校级三等奖，但她由此获得对自我的肯定，在课堂上积极了，并且心态也越来越好。教师的鼓励和认可让学生从中获得温暖和支持的力量，教师言行本身也

是课程思政的一部分。

基于高校英语语言课程自身内蕴的文化属性，开展英语课程思政的教学实践活动，不仅让学生知识上受益，更能在道德、理想、信念、价值层面上为他们引导正确的方向。教师要保持终身学习的理念，在教学上将学生放在首位，努力提高自己的教学和科研水平，更好地落实高校立德树人的基本任务，完成时代赋予的育人使命。

第四节　高校英语课程思政教学质量监控与保障体系

近年来，诸多外界的因素影响着高校大学生们的价值取向和思维方式。为了改变这种状况，教育工作者就要利用自身优势有效提升教学质量。随着科学技术的发展，互联网技术逐渐改变了传统的教学手段与教学方法，教育质量监督与保障也发生了一些改变。高校英语如何在课程思政背景下实现教育质量监督与保障体系的构建是目前高校教育工作者面临的时代挑战。

一、英语课程思政教学的质量监控与保障体系的内涵

英语学科的教育质量监督与保障，在学术界并没有统一的定论。教育监督与保障体系在教育活动中有着特定的方法与原则，能够发现教学环节中存在的问题并进行改善，极大地提升了教学有效性进而实现教育目标。教育质量监督与保障对于主流意识形态认同以及知识积累等方面均发挥着重要的作用。高校英语的教学质量监督与保障是否合理，以及教育质量监督与保障是否能够提升教学的有效性，均关系着高校教育工作的成败。传统意义上的高校英语教育以点对面的方式进行教学，使得教育质量监督与保障被限制在了"围墙"之内。应用先进的技术，高校英语教育呈现多维度的特点，突破了地域的限制，使当代大学生能够在更加自由开放的独立空间中进行学习。基于课程思政的英语教育需要实现知识体系教育与德育教育的有效结合，在教学过程中需要融入立德树人的教育理念，培养出能够胜任岗位同时兼具高尚品德的优秀社会人才。教学质量的监控与评价体系的构建，能够实现全方位的德育教育和专业技能教育。

二、英语课程思政教学的质量监控与保障体系的现状

在传统的教学活动中，教育者和受教育者处在不对等的地位，英语教师在教

学过程中拥有绝对的教育质量监督权力，而学生只是被动地接受，双方的互动无法在身份平等的情况下进行。课程思政模式下英语教师的权威逐渐被削弱，实现了质量监督与保障交流范式的创新，英语教师与学生共同成为教育质量监督与保障的掌握者。"课程思政"丰富了高校英语教育质量监督与保障的内容，传统的教育质量监督与保障逐渐无法契合时代的发展。传统的高校英语教育在形式上注重舆论引导，教学内容着重突出政治导向，缺少时代和生活的气息。在"课程思政"背景下，英语教学质量监督与保障内容更加贴近生活，过程更倡导主流价值观。但随着自媒体技术的发展，当代大学生在现实生活与理想信仰之间产生了较大的落差，价值观念也受到了强烈的冲击，英语教学质量监督与保障需要紧跟时代的发展。但随着大学生的思想行为受到误导，英语教学质量监督与保障逐渐降低了控制力，教育者逐渐被削弱了主导地位，给高校教育工作带来了消极的影响。

英语教学质量的监督与保障需要在全面收集教学资料的前提下，对教学效果进行深刻的评估，随后根据评估指标，判断教学活动的质量与效果。通常来讲，英语教学活动有着不同的保障要求，需要英语教师以客观公正的态度，监督和评价不同专业的教学质量，以此诊断教学过程中所存在的问题。通过教学质量监督的方式，可以提升专业教学质量，规范教学流程，使得教学活动呈现出多元化的发展特征。传统的教学质量监督以教师为中心，忽略对学生能力的培养，无法将立德树人的教育理念融入其中，使得高校英语教学活动趋向于形式化，而学生对于课堂的态度多为敷衍，使得教学质量无法提升，课后的教学评价也无法客观真实地反映学生的学习成绩。当前英语的教学质量监督与保障体系的构建，仍存在着理念落后的问题，其监督的对象往往不以学生为中心，依旧停留在以教师为主的教学阶段，教学质量的监督与评价缺少真正的内涵，并降低了其合理性和有效性。英语教学监督与评价体系的系统不够全面，监督的内容单一，影响教学效果的提升。在课程思政背景下，构建高校教学质量监控与评价体系，是每一位教学工作者需要关注的问题。

三、英语课程思政教学的质量监控与保障体系的构建

（一）监控与保障主体多视角

英语教学质量监控与保障存在着多个主体，即教师、学生、家长和用人单位。在教学质量监控与保障过程中，英语教师起到主导作用，学生则是教学质量监控与保障的主体，部分教学管理者以及学校的督导专家，是教学活动的监控者，有着足够的权力对教学活动进行修正和改善，家长与用人单位作为第三方是

教学质量监控与保障的体验者，在教学监控与保障体系中有着重要的位置，具有很强的话语权，想要全方位地进行教学质量的监控与保障，则需要充分考虑到多方面的因素，从多角度进行教学质量的监控与保障。首先是针对学生的教学质量监控。学生是教学的主体，需要教师减少外界的干扰，使学生更深刻、更全面地参与教学活动。由于学生的价值观以及岗位胜任力与教师的教学质量存在着紧密的关系，因此英语教师应将学生作为教学质量监控的主体，以此了解学生的需求与感受。其次是英语教师评价。教师作为知识的传递者，能够通过自我批评的方式，反思教学目标的实现程度及自身所存在的问题，进而结合学校的人才培养目标，更好地培养学生、塑造学生、发展学生。最后对于学校的部分督导专家以及家长和用人单位等都需要进行教学质量的监控。督导专家通常由学校专家或教授组成，对于教学质量监控拥有着一定的话语权，能够从教学理念教学设计及教学方法等方面，对教学活动进行全方位的监控，与此同时，也能间接地提升教师的教学水平。在课程思政的背景下，教学管理者需要结合课程思政的要求及目标，科学合理地监督教学工作的内容。

（二）监控与保障内容多维度

英语教学质量监控与保障的内容，能够有效地提升教师的教学水平，能够从多个维度监控与保障教师的教学效果，首先是需要关注英语教师的个人素质，教师在教学之前应进行充足的准备，并在日常的教学过程中有着阳光得体的仪表，在授课的过程中有激情，能够提升学生对课程的兴趣，引导学生树立正确的道德观念。英语教师的教育教学能力是对教学质量影响最重要的因素，教师需要有组织课堂的能力和应变能力，同时优秀的教师还需要有先进的教学理念以及独特的教学风格，在进行教学质量监控与保障的过程中，需要考查教师的综合素质。其次是教学环节的监督与保障，学校应评估课程标准与教学目标的相关性，并结合学生的实际情况、年级、专业，优化原有的教学目标，使教学目标、教学内容与教学方法更好地体现立德树人的思想内涵。

在英语教学质量监控与保障的过程中，教学目标要有利于学生对于所学知识的分析，同时能够帮助学生树立爱岗敬业等精神。在教学内容方面需关注的是，教学内容是否能与教学目标相契合，其深度和广度是否科学合理，教学的重点难点是否能够在基础知识讲授的基础上进行重点教学，也需关注教学内容是否能够激发学生的学习兴趣，利于培养学生的岗位胜任力。在学习资源方面，要关注选取的教材是否能够适应学生的专业，同时在互联网时代学校是否能够为学生搭建相关的学习平台。教学实践与教学效果也是教学质量监控与保障体系中的重要环节。在教学实践中，教师使用的教学方法，是否能够帮助学生达成课程目标，并培养学生的创造能力。在教学过程中，能否结合学科的特点激发学生独立思考的能力，并引导学生对课堂教学内容进行分析和讨论，教师在课前课后需要对学生进行辅导和答疑。教学质量的监督与保障需要参考教学效果，教学效果与学生的学习成绩以及日后的岗位适应力都息息相关，需要一方面考查学生具备的学科知识，同时需要关注学生是否有正确的道德素养，以及是否具备核心能力等综合素质。

（三）监控与保障反馈多渠道

高校英语的教学质量是高校生存的生命线，对英语教学质量进行监督与保障是提升教学质量的重要手段，因此需要对英语教学质量保障体系进行反馈。唯有如此，英语教师才能及时发现自身所存在的不足，并进行及时的修正，一方面提高了自身的教学水平，另一方面能够使教学活动更加契合学生的发展。对于教学质量监控与保障体系的反馈，首先需要关注学生的成绩，结合教务系统以及教师的评价能够了解到教师教学过程是否有效。其次，院校可定期安排学校的专家进行听课，并对教师的课程做出准确的评价，提出相关的意见和建议，有效规范教师的教学活动，并激发教师的教学潜能。最后在教学质量监控与评价的过程中及时了解学生的需求以及相应产业行业企业对于人才的需求，学校需定期在师生中开展教学测评活动，并积极围绕人才培养质量开展行业企业调研回访。教学质量的反馈是教学质量管理监控与保障体系中重要的环节，在课程思政的引领下需要构建以岗位胜任力为核心的教学质量监控与保障的体系。使学校的每一个教学环节，都与时代的脉搏紧紧相连，将思政元素渗透到每一个教学质量监控与评价体系环节中，培养学生成为能够适应岗位，具有爱国情怀和科学精神的有用人才。

近些年我国逐渐注重教学模式的创新和教学质量的监控问题，不断地在实践中探索新的英语教学质量监控与保障体系，使教学质量监控与保障体系成为现代教学体系的有机组成部分。而在课程思政的背景下，英语教师需要从监控主体、内容、渠道等多个角度出发，使教学质量监控与保障体系成为课程思政的推广抓手，使思想政治内容更好地融入专业教学中，以此提升高校思政教育的质量与效率。

第五章　高校英语课程思政教学的方法与途径

高等院校英语作为一门量大面广的通识教育课程，承担着立德树人的重任。如何将英语课程内容与思想政治教育有机结合，发挥高等院校英语教学过程中的协同效应，提高学生的思想品德水平、人文素养和认知能力，是高校英语教师必须认真思考和面对的问题。在遵循思政工作规律和学生成长规律的前提下，本章分析当前高校英语在课程思政方面存在的不足，深度挖掘课程思政元素、发挥思政功能，并探讨英语课程思政教学的方法与途径。

第一节　混合式模式下的高校英语课程思政教学探索

一、混合式学习概述

目前，关于"混合式学习"的定义，专家学者们经过长期的理论研究和教学实践，分别从不同角度对此进行了界定，但就其研究的背景和侧重点不同，对混合式学习的认识和理解主要有以下几种：从学习的方式和方法出发，认为是全新的学习方式；从媒体的角度来看，认为是媒体要素的融合；从活动设计而言，认为是多元活动的结合。笔者通过总结研究，简要介绍国内外对混合式学习定义的认识。

（一）国内混合式学习的定义

混合式学习是一种把传统的学习方式和数字化学习或网络化学习相结合的教学，由国内北京师范大学教育技术研究所所长何克抗教授提出。这种学习方式需要将两种优势相结合，以便教师深入发挥以学生为主，以教师为辅的教学模式，改变了传统教师与学生的位置。教师主要以引导为主，创建自由的上课环境，在监督与合理支配、鼓励学生的情境中开展教学；学生也能在这种教学模式下自主学习。

上海师范大学教育技术系主任黎加厚教授认为"混合式学习"即"融合性学习"，他关注的重点是教学媒体、教学方法、教学策略等的优化组合，通过教师和学生在教学实践过程中的合理运用，最终达到优化教学，促进学生学习的目的。

华南师范大学现代教育技术研究所李克东教授认为："混合学习可以看作面对面的课堂学习(Face-to-Face)和在线学习(Online Learning)两种学习方式的有机整合"，其核心的理念是由问题出发去寻求解决问题的思路和途径，在教学过程中，采用恰当的教学媒体和知识传授方式，可以保证投入最小，同时收获的效益最大。

（二）国外混合式学习的定义

在国外，印度 NIIT 公司(2002)在发表的《混合式学习白皮书》中提出"混合式学习"是一种全新的学习方式，这种学习方式包括面对面(Face-to-Face)实体教室学习、数字化在线学习(E-Learning)和自定步调(Self-paced)学习等。《白皮书》分别从以技能为导向、以态度为导向和以能力为导向三个维度进行了详细划分，描述了通过不同的教学方式和手段获得不同的教学目标。

Jennifer Hofmann(2001)在《B Learning Case Study》(《混合式学习案例研究》)中这样描述："混合式学习是由一种全新思想作为支撑，指导教师或者方案设计人员根据教学过程的特点，分成几个阶段，对每一个阶段进行优化教学，最终实现学习者对整体的理解掌握。"

Michael Orey 认为混合式学习应该从学习者、教师或教学设计者以及教学管理者三者的角度进行定义。根据他的理解，混合式学习要考虑学习者的初始能力，教学方案设计人员的信息素养以及现实的实体教学环境等。

美国培训与发展协会(ASTD)的 Singh 和 Reed 也认为混合学习是一种学习方式，将其描述为：采取恰当的技术手段，结合良好的学习个性，在适合的时空将正确的技能授予适合的人，从而完成知识传授，实现教学目标。

虽然国内外学者对混合式学习的定义有所不同，但是本质上并没有太大的差异，广义上普遍认为是传统教学和网络教学的结合，以达到优势互补的目的，体现建构主义的"主导—主体"作用，狭义上则认为是教学方法、媒体、模式、内容、资源、环境等各种教学要素的优化组合，达到优化教学的目的。

二、高校英语课程思政混合式教学的途径

（一）目前高等院校英语课程思政建设存在的不足

1. 过分重视四六级通过率，对思政教育重视程度不够，不利于培养学生人文素养。在英语教学中，教师为了提高授课班级的四六级通过率，过分重视学生听、说、读、写、译等英语能力的培养，多注重语言点讲解，没有深入关注东西方价值观的差异，忽视了思想政治教育内容的输入，一定程度上忽略了对学生正确价值观的引导。

2. 过分强调文化输入能力培养，忽视文化输出能力的培养，教学过程存在跨文化交流的单向性。虽然在平时教学中，任课教师也会有意识布置一些有关中国文化的简单翻译，比如中秋节，清明节等，但缺少系统的学习。此外，在以往的期中和期末考试内容中，中国文化占有率极低。片面强调单向的英语文化输入导致在文化交流中出现严重不对等。以上现象不利于高等院校英语承担起传播中国声音、讲好中国故事、培养文化自信的课程思政功能。

3. 学生学习动机具有较强的功利性。针对高等院校英语学习状况的问卷调查表明，大部分学生在学习过程中比较被动，找工作和考过四六级是学生学习英语的主要动力。在思想多元化的今天，语言教学不仅具有工具性，更应具有人文性。在英语学习中，要引导学生了解中国传统文化，维护好民族自尊心和自信心，培养学生对多元文化的敏感意识、对家国与世界的深切关注。

反思当前高等院校英语课程思政建设存在的不足，从以下几个方面探讨基于混合式教学的高等院校英语课程思政教改措施。

（二）高校英语思政课建设的途径

1. 教师要积极树立课程思政的教学理念

打铁还需自身硬，英语教师应以习近平新时代中国特色社会主义思想、《高等院校英语教学指南（2017）》为指导，以"四有好老师"为标准，不断改革教学理念，努力用先进的思想政治理论武装自己的头脑，不断提高自己的思想政治觉悟与道德修养，做好思想引导和行为示范，帮助学生坚定"四个自信"。在教学上，做到深刻把握教育内涵，探索知识传授与价值引领相结合的有效教学方法，促进教书与育人相统一，探索课程思政新模式，增强高等院校英语教学的思想性和文化性。

2. 充分挖掘教材中的思政元素，做到全方位育人

基于雨课堂和 U 校园的混合式高等院校英语教学将基础性的语言知识习得安排在课前，这使得课堂有条件以教材内容为基础，以学生为主体，开展丰富多样的语言活动，引导学生塑造正确的道德观和价值观。英语教师在实际授课中，应充分挖掘自身优势和特色，善于提炼英语课程中蕴含的文化基因和育人点，高校学生在学习知识时在不知不觉中就受到影响，且是潜移默化的，就会产生理想信念层面的指引，所以，教师在传授知识时要引入现实问题，将思政素材无声地融入语言教学中，使学生学会辩证思维方式，有积极的参与意识，能够坚守为国家、为社会、为他人着想的价值观，学会自信地表达中国传统文化、坚信社会主义现代化发展道路、坚持马克思主义理论和坚持社会主义制度的优越性。以《新一代高校英语》(综合教程第二册)第 5 单元 Loving Family 为例，作者以记叙文的形式围绕自己小时候的一次演出诠释了母亲对孩子深深的爱。在学生掌握文章基本的语言点后，引导学生重温朱自清的《背影》，再通过英文小短剧或者小组讨论汇报的形式，使学生学会主动学习英语语言。因此，由上述例子说明，高校学生主动学习英语，化被动为主动，需要教师从引用的东西方故事中挖掘潜藏的德育思想，并在教学中进行扩展，一方面可以使学生主动在讨论、思考、探索中学习英语语言，另一方面可以使学生了解关于东西方母爱的表达方式，从中学会感恩。

3. 借助优质英语素材，开拓模块化思政教育

在深度挖掘现有教材综合教程中的思政教育元素的同时，教师要适当从以下资源中补充一些语言教学素材，比如中国文化典籍英译版本、中国英文媒体的报道与评论(纸媒、视听)、西方英文媒体的报道与评论(纸媒、视听)等对接英语课程的思政教育主题，在提升学生语言能力的同时，对学生进行爱国主义教育、理想信念教育、文化认同教育。

教师还可以通过雨课堂或者微信朋友圈定期发布一些关于热点讨论话题。比如组织学生观看央视《一双筷子》的公益广告，从探讨中国文化元素筷子入手，引导学生注重中国文化表达，激发学生的爱国热情和文化共鸣。这种润物细无声的教学方式有助于在高等院校英语教学过程中培养学生的爱国主义情怀，增强学生的爱国精神。除此之外，教师也应该在所教班级，积极开展第二课堂活动，组织学生积极参与"讲好中国故事，传播中国声音"的演讲比赛、话剧表演等活动。

4. 确立科学的课程思政考核模式

在高校英语教学中融入课程思政主要研究了教师的教和学生的学，思政教育中突出了学生的主体地位。课程思政的教学评价主要是将正确的人生价值观融入教学中，使学生通过各种评价促进自身思考和学习。将课程思政教学内容写入英语教学大纲，纳入学生成绩考核。比如在平时的教学过程中，教师可以通过大作文、演讲讨论、课本剧表演等活动动态考查学生，计入平时成绩，达到和高校英语课程培养目标的有机融合。

在教育现代化背景下，英语教师应以立德树人为己任，把讲授西方语言文化和大学生思想政治教育结合起来，在英语课程教学全过程中贯穿思想政治教育，使高校英语课程与思政教育同向同行，最大限度地发挥课程的协同效应，实现全程育人和全方位育人。

高校英语课程具有课时长、受面广、学分高的特点，在该课程中推行思政教育具有显著的优势，能有效地将思政教育与语言知识传授相融合，达到育人的协同效应。高校英语课程思政增强了教学的趣味性，提高了英语教学的有效性；同时又提升了思想政治教育的亲和力和针对性。所以，英语教师应该在教学过程中充分利用课程资源，挖掘文化元素，合理安排教学环节，适当融入思政元素帮助学生树立正确的价值观和人生观，以润物无声的方式培养学生积极的人生态度。

三、混合式教学模式下高等院校英语思政教学设计

（一）课程思政教学目标的设定

高校英语教材的设计主题包括人文学习、青年成长、个人事业等，也就是每个学生校园生活的滴滴点点，所以在其设计中蕴含了非常广泛的课政思政元素，且具有一定的代表性。如果教师能够结合学生的现实生活，将英语课程中融入的多方面思政元素进行有效的提炼、整合、加工和处理就可以使学生塑造良好的价值观，培养其关键能力，达到有机融合。以《新一代高校英语综合教程 2》（英语教学与研究出版社）为例，具体呈现见下表。

表 5-1 《新一代高校英语综合教程 2》教学目标案例

单元	课文主题	知识目标	能力目标	价值目标
unit 1	语言教育		用生动的语言描述环境与心情	语言文化观、教育观
Unit 2	人文学习		通过举例说明复杂的概念	建设中国特色社会主义哲学科学
Unit 3	青年成长	语音语法修辞词汇短语句子语篇其他	从正反两方面进行观点的论述	青年观：责任、担当、奋斗
Unit 4	校园爱情		东西方表达爱的方式的不同	以学业为重，树立正确恋爱观
Unit 5	青年理财		按时间顺序讲述故事	中国传统消费观：节俭持家
Unit 6	人生事业		教育给人带来能力的提升	青年人要承受挫折，锤炼意志
Unit 7	女性地位		通过对比的方式进行论证	新时代女性风采，自尊自爱
Unit 8	人与自然		使用直接、间接引语进行描写	保护环境，注重生态平衡

（二）混合式教学模式设计

混合式教学模式由线上学习与线下课堂两部分构成，具体包括课前线上自主学习、课中线下面授交流与课后线上巩固提升。具体实施步骤是教师在实施教学之前对学生进行小组分配，学生可以根据想法成立五个不同的学习小组，再以公平形式让学生抽签决定自己小组所负责的学习单元。最终形成以设计主题问卷、分析问卷结果、呈现评价报告为任务的形式让学生以小组形式完成任务。

1. 课前线上自主学习

授课分为线上和线下两种，教师可以在针对每个单元的重点课文开始前，让学生先在线上进行相关的视频学习，并准备以课文主题为主的问卷，让学生填下。提前上传问卷的设计主题主要围绕："通过多年的学校教育我身上发生了什么变化""来到这个城市上学是否为其做过一些事情""对于西方文化和传统文化的区别与联系有什么心得体会""从小到大我们理想的英雄人物有哪些""在成长中是否勇敢过"。当学生在问卷上回答这些问题后，交由专门评估小组进行问卷分析。

2.课中线下面授交流

首先，教师在教学当中一定要尊重学生，课堂教学的主体是学生，要给予学生充分发挥的空间，能够勇于展现自我。教学方法的设计是多样化的，教师可以分两部分进行，一部分学生以小组为单位进行问卷报告，一部分学生做好课堂笔记并报告。有任务的小组在做报告时可以根据教师提供的 PPT、情景剧等来展示；没有任务的小组可以在另一部分学生做完报告后进行评价，教师制定的评价模式要由收获、问题和建议构成。其次，在这部分教学期间，教师要发挥主要的引导作用，活跃课堂氛围，及时进行点评，开展适当的思政教育，如在学生互动交流任务结束后，教师需引导学生拥有一颗感恩的心，要明白不论是身在城市，还是生在农村，都要热爱脚下的土地；当我们为理想奋斗时，我们能够在所处的工作岗位上开花结果，亦能成为自己英雄，这也是当今青年学生义不容辞的责任和学习的目的。

3.课后线上巩固提升

教师针对课堂教学可以要求学生在课下对所学内容加以巩固，如课堂结束后，让每位学生写一篇与学习任务相关的练习作文，这样既是对学生英语应用能力的检查，也是学生在学习后能对自己有清晰的认识和定位。学生在完成作文后还需对作文加以反思。反思的内容可以是"我们接受教育的目的是什么""毕业后我们是否留在该城市，并为建设该城市做出一番事业""我们如何弘扬传统文化""对于自己是英雄有什么想法""在生活中，我们能做到哪些见义勇为的事"。最后由教师总结出优秀的范文供学生学习。

（三）教学评价设计

为了配合混合式课堂教学，教学评价也需要多样化，需线上和线下同步进行。参与线上评价时需根据各项指标综合完成，如学生课堂上参与的次数、观看视频课程的次数与时间、配合课程问卷调查的频率及检查做笔记和上交作业的次数评定。线下评价根据课中问卷报告结果，以 PPT 的形式展现出来，让教师、学生依据内容传达的精神、演讲人的语言表达等进行自我评价、教师评价和学生评价；对于那些没做问卷报告的学生，教师需要从其他方面进行评价，如课堂上回答问题的次数和质量进行评价。

为了更符合时代教育特点，改进传统教学固定模式，使现代教育教学充满活力，就必须在高等英语课堂教学中加入思政元素，做到高校英语教学形式多样和知识丰富，不仅拉近了学生与书本中固定知识的距离，还完成德育教育的先进理念，传递人文精神，树立了学生自我认识的信心。这种混合式教学模式既符合现代信息发展的趋势，在进行线下课堂教学时也发挥了积极作用。

四、混合式教学模式下的英语视听说课程思政实践研究

(一)混合式教学实践研究背景

教育部颁布的《高校英语课程教学要求》中明确指出高校英语教学目标是"培养学生的英语综合应用能力，特别是听说能力和自主学习能力，以适应我国社会发展和国际交流的需要"。因此目前高等学校大学生的英语听说能力的培养显得尤为重要。

我校大学生公共英语教学包含两门课程，一门是高校英语综合教程，主要目的在于提高学生的读写能力；高校英语视听说是另一门课程，提高学生的听力和口语能力是其目标。我们的学生进入大学前虽经历了八年或更长时间的英语学习，但在应试教育的模式下，师生对英语听说能力培养的重视程度不够。他们在初高中阶段的英语教学中，基本没有上过听说课，听说能力尤其是说的能力是他们的弱项。进入大学课程，许多内容他们听不懂，讲不出，难以进行日常的对话交流。

听说能力的培养需要一个长期的持续的过程，每周两课时的听说课，课时很有限，时间不足够，教师不能进行充分的听说能力的培养。而在课堂外，许多大学生并没有良好的自主学习能力，管理好自己的时间进行充分的听力和口语练习。因此，目前大多数的听说课程采用的在教师控制下的以听为主，反复播放录音材料的授课方式，不能引起学生的学生兴趣，激发内在动力，已经不再适合目前的教学。

采取英语视听说混合式的教学模式，将会很好满足学生个性化学习的需求，极大程度地弥补传统课堂上教学内容较少的缺陷。这种课堂教学与网络自学相结合的模式既体现了教师的主导作用，又培养了学生的自主学习能力，两种教学模式的优势得到了有效结合。因此，探索网络在线学习和课堂面授有机结合的课程思政背景下的高校英语视听说混合式教学模式，是提高大学生英语视听说能力，实现立德树人目标的重要途径。

(二)混合式教学实践研究过程

在前期准备阶段，为了使团队教师能够尽快熟悉网络教学软件，视听说教研团队在新学期开始前一周开展了教学网络的培训，内容包括学习教学软件的下载、操作、使用、排除技术障碍。本研究中网络平台主要使用了微信，FIF 讯飞

学习平台以及超星学习通平台进行的混合式教学的研究。为了更好地了解学生情况，对学生进行问卷调查和访谈，根据调查结果进一步具体了解学生的需求及不足之处，对于制定的教学计划进行更为合适的调整。最后根据学生的入学成绩，性别以及爱好等，将每个专业班级分成人数大致相等的小组，并创建微信群。同样对学生培训相关的网络学习知识和操作运用。

1. 课前

视听说的线上网络学习，学生主要应用 FIF 讯飞英语软件练习发音及口语。另外学生通过超星学习通网络平台，自主学习教师发布的视频音频及电影英语歌曲等，教师可通过平台随时查看学生的学习记录、学习成绩等。以《新时代高校英语视听说》Unit 2 为例，文章 the magic of silk road 中关于古代丝绸之路的起源和发展，让学生制作 PPT。所以在课前，教师充分准备情景创设、结合本节课内容将中国传统文化融入其中，是学生提前练习教师预留的任务，在讨论、调研中熟悉主题活动。

2. 课中

课堂教学阶段，教学重点主要放在了学生的小组对话、对听力的技巧和指导上。教师先让学生就口语任务的问题进行角色扮演两两对话，并选出部分学生展示。然后再讨论视频中的问题，并观看视频，完成对应练习。接下来进行听力练习时，教师先进行一些听力技巧的讲解。听力内容分成精听和泛听两部分。精听的 News 部分是比较难的，先听两遍，然后出示文章内容让学生分组讨论其意义，不明白的词句查手机的有道词典，并从各小组选出同学来解释。最后，教师组织观看小组为单位的优秀视频作业，并且布置下节课的口语视频拍摄作业和 FIF 云平台的口语练习（语音练习和校园生活）。在课堂学习阶段，课程思政理念更是要贯穿始终。在前期讨论的基础上，通过 PPT、视频、音频图片等形式深化听力材料内容，留出时间让学生消化吸收，力争在课堂上掌握。

3. 课后

学生以小组为单位，依据口语话题，撰写合适的脚本，录成视频。在视频录制之前，小组成员之间需彼此修改脚本。然后，教师观看小组提交的视频作业，对其口语表现以录音形式在微信群进行点评（包括纠正发音、语法错误等），将打分情况最终发布在微信群。

这个环节不仅能进一步巩固学生所学的内容，还能提高学生自主学习和团队协作的能力，提升学生思想政治觉悟。经过课程思政内容的渗透与融合，势必是英语课堂教学设计的提高和精炼。融合此环节，使学生不受学科限制，思维固化。学生在学习新语言知识的基础还能提升思想上的认识，完成高校思政教育的目标。

下面的教学流程图很好地呈现了混合式教学模式的内容和流程(图 5-1)。

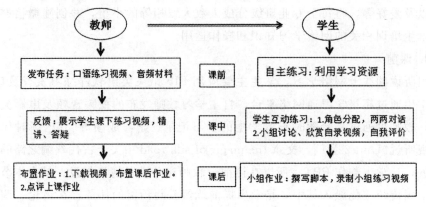

图 5-1 新型混合式高校英语视听说教学模式流程图

本研究中，教师课前的在网络平台上的作业推送是混合式教学实施的关键因素，没有适当的适合学生水平的材料的提供，学生难以达到好的自主学习效果。最重要的环节是课堂上教师的教学设计。设计合理的教学环节，对于教学活动的顺利开展和实现良好的学习效果具有重要意义。对此，要发挥团队的力量，教师之间的交流和相互学习是提升教学设计的能力的有效手段。

大学生英语的学习程度参差不齐，另外自主学习能力也存在差异，往往会出现在规定的学习时间内没有完成学习任务的情况。对此，教师还要深入了解这样的学生，与他们经常沟通，帮助他们树立起学习信心，制定适合他们的学习计划。针对这种情况，可把自律性差的学生与自律性强的学生编成一个学习小组，让同学间相互督促，共同合作完成学习任务，让他们体验到完成任务的成就感和满足感。

由此，实现课程思政的最终目标就是要从课程思政理念出发，载入以学生为主体的教学形式，再结合高校英语教学的要求和学生的自身特点，打破传统、固化的讲课方式，使学生学会自主学习，找对适合自身特点的学习方法，同时将学科知识与个人感悟融合，体验到多种互动式学习的目的和意义。

(三)混合式教学模式下英语课程思政教学实践的效果

1. 丰富了高校英语视听说学习环境

在教师的指导下，学生可以借助 FIF，超星等网络学习平台参加进入虚拟的英语教学课堂，利用各种视听说资源提供的趣味横生的学习材料，积极主动地完成学习任务。同样，利用教学平台和软件，教师打开手机，每个学生的学习情况都能有所了解，从而使学生的学习效率得到很大程度提高。在课堂教学部分，教师可以有针对性地对教学的重难点进行剖析，利用节省出来的时间开展适宜的课堂活动。

2. 提高了学生的自主学习能力和合作精神

混合式教学模式实施以来，学生的学习兴趣被激发出来，主动性得到很大的提高。对于 FIF 云平台的口语练习，大部分学生都能够按时间完成。在小组口语练习的视频拍摄过程中，为了较好地呈现视频中的角色，每个学生都在课下积极练习以便流利地用英文说出角色内容。每次展示视频作业，优秀组的同学都非常激动，因此也充分促进了大学生的合作精神。

3. 促进了高校英语课程思政教学的改革

目前虽然国家政策层面已经对课程思政融入英语教学提出了明确的要求，但暂时还没有细化的实施标准；众多英语教师对课程思政的必要性与重要性理解不够深刻；大学生对英语的学习往往延续着中学阶段的应试思路，对语言的人文性认识不足。本研究弥补了此领域里实践研究的不足，为高校英语课程思政教学改革提供切入点和新思路。

第二节　云平台在高等院校英语课程思政教学中的应用

一、云平台与云课堂建设

（一）云平台

云计算是一种便捷的，可用的共享方式，这是信息产业发展带来的具有巨大潜力的技术。例如，云平台的利用，改变了当前课堂运行模式，这是一种设计者和开发者以代码的形式将程序上传到"云"里运行，而教学中教师就可以将教学课件上传到云平台，以云平台提供服务。关于这个平台的称呼可以有多种，可以按服务方式，用户需求命名。

应用平台（application plat forms）是如何使用的非常重要，如开发团队在创建一个户内应用（on-premises application，即在机构内运行的应用）平台时，必须要有该应用所用的基础设备。其基础设备要包括以操作系统为执行应用和访问存储等提供的技术支持以及为该机构的其他计算机提供远程存储服务。倘若每创建一个户内应用都得首先构建所有这些基础的话，那么恐怕我们今天看到的应用会少很多。

（二）云课堂

"云课堂"是基于云计算技术一种高效、便捷、实时互动远程教学课堂形式。使用者通过浏览器，进行简单操作，便可及时、实时与处于不同地理位置、不同用户同步分享文字、音频、视频及数据文件，而课堂中数据采集、处理、储存、传输等技术则由技术服务商提供帮助。

二、高校英语课程思政教学云平台的优势

云平台的利用显然有许多优势。第一，高校英语课程思政教学模式在教学方法上，不会受传统课堂教学时间、地点的约束和局限，借助云平台，不仅能丰富教学方法，还能充分利用云平台激发学生学习英语的积极性和自主学习。第二，云平台当中可以上传多种多样的教学资源，在开展云平台教学时，不用专门只针对一种内容展开教学，学生和教师只要输入想查询或想学习的任何一种学习内容，利用智能设备就能找到想要的资源，在根据自身需求有效选取学习内容。第三，在教学组织形式上也可以结合云平台。教师可以利用云平台开展网络第二课堂教学，如建设班级微信群，用智慧树、云班课的方式为学生提供多样的学习资料。还能帮助学生解答学习中出现的困难和疑惑，教师随时进行解答，这种及时有效的线上答疑也提高了学生的学习效率。

（一）有利于弘扬社会主义核心价值观和中国文化

在大学生学习英语的过程中，不可避免地会接触到西方文化，甚至对英美背景文化产生认同，这会一定程度上削弱大学生对传统文化的认同。在高校英语课程中融入思政教育有利于改变这一状况，促进高校英语课程中对中国文化的认同，增加文化自信。比如在英语思政课程中融入中国传统文化典故，对大学生进行道德培养，这有利于提升大学生的道德水平。更为重要的是通过思想政治教育，培养大学生的思想政治素质，坚信社会主义核心价值观，弘扬社会主义核心价值，坚定共产主义理念。培养合格的社会主义接班人。

（二）提升高校英语思政课程的实效性

我国传统思政课本身效率就较低，课程枯燥无味，教师在课堂注重传授生硬的理论知识，不重视时代价值的渗透。教学方法落后，不注重课程实践，考前突击多，大学生的德育培养效果较差。英语课程方面，不愿意考级的大学生学习积

极性较差，理论教学较难，大学生学习的积极性较低。本来大学生学习兴趣就不高，如果再加入枯燥的思政课程，那么效果就更差了。因此要采用新技术，结合互联网＋云平台，将先进的文化和人文精神融入课程当中，让学生细细品味，潜移默化地渗透。同时，通过云平台引入开放式教学，革新传统英语课程的模式，让高校英语思政课程更富有实效性。

（三）推动高校英语思政课程的改革

采用云平台技术可以在高校英语思政课程中融入新的理念、新的技术和新的模式，改变传统课堂的弊端，培养具有应用型能力的专业人才。比如利用云平台可以促进大学生的道德进步，构建文化认同，这样高校英语的思政课程的目标就更加清晰，课程体系就更加完善，学校也能在多方面提供支持，教师的能力也能得到提升。高校英语思政课程的建设得以体系化，更能够传达社会主义核心价值观，实现东西方跨文化的融合。

三、当前利用云平台开展高校英语课程思政的挑战

（一）高校英语教师缺乏利用云平台进行课程思政的能力

尽管一些英语教师经常在课程中阐述人生哲理，渗透文化内容，但还是主要以传授英语的工具性知识为主。教师没有思想政治教育课程的执教经验，在融入思政课时，既缺乏专业知识，又不知道该从何入手。同时英语教师也缺乏运用云平台技术的水平，在课堂上仍然以板书为主，现代技术运用不多。也很少有教师推动翻转课堂等创新的教学模式，不知道如何利用云平台推动英语课程思政的创新，导致教学方法陈旧。比如在课程设计方面，高校英语教师不知道如何利用云平台技术进行教学设计，不知道如何更有效地在课堂植入社会主义核心价值观，并且和英语教学相结合。

（二）高校云平台建设环境较差

目前高校英语和思政两个方面的云平台建设都较差，高校普遍没有自己的云平台，在课程资源建设上"互联网＋"技术的水平较差。除了理论课程之外，实践课程体系的建设也相当落后，没有充分利用大数据等技术，视听资源、语言材料、微课资源和课程平台都没有充分利用起来。并且不知道在利用云平台的同时，如何革新传统课堂教学模式，在课堂上发挥分层教学和小组教学的作用，运用先进的教学模式。课外不知道如何组织英语思政的课程活动，没有充分发挥云平台的课外功能，课程元素较差。

(三)高校英语思政课程缺乏创新

首先是课程思维较为保守，还停留在传统应试教育，忽视英语的实用性，导致在课程创新上很难有突破。无论是英语课程还是思政课程都是如此，不能突破传统教学的模式，在课堂上文化内容较少，教师没有给学生融入政治、经济、文化方面的内容。其次是教师不知道如何在高校英语中有效融入思政课程，不知道应该选择何种内容进行渗透，在微课资源等建设上也明显不足，高校也缺乏相关的平台和课程资源支持，导致又陷入了传统课堂的误区。第三是创新的方法在课堂上推广的效果较差，和应试教育的体系相悖，高校教师没有过多的精力投入到高校英语思政课程的创新当中。比如在打造特色课程的方面，缺乏应用性的内容，和生活化内容结合较浅，课程效果较差。

四、基于云平台的高校英语课程思政教学模式探索

(一)基本构思

高校英语课程有很强的工具性和人文性特点，在课程安排中，本身带有很强的人文性。所以在英语教学过程中，要基于云平台的高校英语课程思政教学模式要发挥课程本身带有的人文性特点，不能光依靠英语知识的听说和读写开展教学。在大学生的课程教学中安排与生活相关的话题，如就业观、价值观、金钱观等就可以实现课程思政的自然融合，使大学生受到正能量教育，也能避免学生对学习失去兴趣。关于英语教育内容主题的设计，会有许多学习背景，教师可以根据不同背景融合思政理念，使学生认识东西方语言文化的不同。在信息技术发展较快的前提下，除了线下课程学习，高校更要大力发展线上教学和重视线上教学的优势，突出师生与生生互动的优势，在基于云平台构建高校英语课程思政教学的模式下，促进学生英语学习，并形成正确的思想观念。当云平台应用到高校英语课程课政教学中，就需要每个英语教育按照课文的单元设计讲授教学内容，要以思政教学大纲为统筹来进行教学活动的开展。每个单元的设计都有不同的特点，教师可以以微信、微课、慕课、云班课的方式为大学生提供一个良好的教学平台。教师还可以引导学生参与教学视频的设计与制作，在该过程中不仅可以引导学生发挥创造才能，还可以使教学资源更贴近学生的学习需求，打造成一个促进学生掌握英语语言知识和技能的线上教学平台，促进学生不断强化自身修养，形成正确的人生价值观。

（二）具体路径

1. 设计教学任务

在构建基于云平台的高校英语课程思政课教学模式的过程中，英语教师必须精心设计学生的教学任务和具体的教学活动，列出清晰的学习任务清单，并通过云课堂平台为学生组织作业。考虑到国外留学生思想政治教学内容时，英语教师应在任务清单中为学生制定思考任务，包括出国留学的优缺点、自己的想法和看法。通过深入思考和听取其他同学的意见，学生可以形成对留学的正确认识。云平台教学过程中，教师主要的教学任务和目标是引导学生的思路，在掌握英语知识的基础上，意识到无论你在哪个地区或国家学习，你都必须有一个明确的计划。规划好自己的学习生涯和未来的职业生涯，避免以迷茫的心态度过大学生活，做自己人生和未来发展的引领者。

2. 教学视频

为做好课前准备工作，英语教师应在上课前，制作好视频教学课件并上传至云平台。学生可以在课前进行自主预习，对课堂上所要进行的内容有系统地了解。以视频的形式呈现课堂内容更能提升学生学习的兴趣，视频所带的回放还能作为辅助工具，使学生随时随地自主巩固。对于书中的难点和重点，能反复观看并思考。所以教师要注意视频教学必须贴近教学内容，并带有一定文化背景，使学生在获得人文知识的基础上利用云平台锻炼自主学习的能力。

3. 线上实时反馈

在高校英语课程思政课教学的过程中利用云平台，很多教师存在一个问题：忽视学生是否真正掌握了知识点，缺乏及时真实的在线反馈，未能及时捕捉到知识点，教学的整体效果不高。因此，在构建基于云平台的高校英语课程思政教学模式的过程中，需要建立实时在线反馈环节。教师在教学视频中插入测试内容，使学生充分利用创造性思维。例如，教师讲到出国留学的内容时，就可以提出：在国外的凌晨 2 点，你还在图书馆学习吗？你认为该篇内容作者表达了哪些学习方法？以此突出学生英语学习主动思考的能力和评估学生英语水平的掌握、理解的能力。

4. 线下有效答疑

解答疑惑也在基于云平台的高校英语课程思政教学模式中，解答存疑是线下教学的重要构成部分，可以有效解决线上教学问题。线下存疑是英语教师根据在线平台学习过程出现的问题和存在的问题解决的过程，学生可以抓住此机会用集体交流讨论的方式汇报给教师，是教师和学生在相互总结归纳、互助中解决问题的方式。线下有效答疑的好处是可以促进学生共同思考、师生互相协作交流，营造良好的学习氛围和激发学生的创新意识和独立思考。

5. 培育文化自信

在互联网时代背景下，学习除了运用在线平台学习，还可以通过其他网络资源进行学习，所以高校英语教学还应该开发其他学习 APP 激发学生的学习兴趣。例如某 APP 以英语趣味配音的方式来讲述中国优秀的传统文化，这种有趣的英文介绍立即吸引了多数学生的听讲。英语教师就可以通过这种方式，在学习 APP 上进行插入，让学生选择自己喜欢的内容自主学习，再在课堂中加深印象。对中国传统文化从音频、视频角度设计，是学生在观看后对我国传统节日、风俗习惯习俗和中华文化有更深入的了解，也更好地使学生了解中华优秀传统文化，培养了当代大学生的文化自信，和在与他国人际交往中，更好地介绍中国文化。

综上所述，在互联网时代下，根据云平台建立的高校英语课程思政教学模式必然成为一种影响较深的发展趋势，学生英语学习兴趣的培养与激发、自主学习能力与文化自信的提升、强化了课程思政融入教学效果的作用。所以，高校英语教师应展开深入探索和研究，逐步构建并拥有完善的教学模式，强化高校英语课程思政教学效果。

五、利用云平台开展高校英语课程思政的创新途径

(一)高校确定高校英语课程思政的教学目标

首先，要确保英语教学的工具性不受到影响，在此基础上，确定高校英语思政课程的目标。在教学中本着立德树人的原则，弘扬社会主义核心价值观，传播中华优秀文化，培养具备良好思想道德品质的大学生。将文化自信、社会主义核心价值观、中国传统优秀文化等指标纳入到课程体系当中。重点培养学生的文化素质、思想政治素质、道德品质和价值观。

其次，将总体教学目标融入高校英语思政课程当中，细化具体的教学目标，落实到每一课时当中。比如在大学一年级课程中重点进行思想道德修养教育，在大学二年级阶段强化社会主义政策教育，在大学三年级阶段强调思政理论素养教育，在大学四年级阶段强化思想素质的应用方面的教育。思政课程既要和大学生思想政治课程相匹配，也要突出英语专业的特点，循序渐进，不断完善。

第三，为了确保互联网＋教学的创新手段，高校建设云平台，在云平台中不断充实教学资源，鼓励教师参与到教改当中。云平台要和校园网等网络融合，充分发挥平台的实践作用，不断利用平台组织相关活动。比如，可以利用云平台开

展校园英语演讲大赛，学生通过平台进行报名、训练，在初赛阶段可以利用平台进行研究大赛，所有学生通过平台观看比赛，提高比赛的参与度。同样，阅读大赛和写作大赛也可以纳入到系统当中，日常对学生的阅读量进行记录，以提升效果。

第四，建立相关考核机制，对高校传统英语考核机制进行改革，除了在英语考试中加入高校英语思政的内容之外，还应该创新考试的方式，结合云平台进行考核，除了在平台上进行答题考试之外，日常还应该布置云平台的任务，让学生积极去完成。云平台可以实现移动式考核，以英语听力为例，过去必须要去语音室，现在日常考核就可以在手机移动端运行，听力内容主要是课程思政的方面，重点考核学生的能力。

第五，要培养英语教师的课程思政能力，日常利用云平台给教师发布消息，组织在线培训，充分利用碎片化时间给教师提供充分的指导。平台给教师提供教、学、评、研一站式服务，教师可以将自己的教学设计上传到移动端，扩大交流，学生也可以上传相关视频资源，为探索混合式教学等创新提供高效的保障。

最后，通过云平台全面提升教学管理的水平，实现高校英语课程思政的数字化管理。比如利用当前的钉钉联盟等系统，在管理、直播、互动、学习、考核等方面全面实现数字化，为大学生思政课程，还可以建立英语思政教育的实验室，推动人工智能教学和虚拟化教学互动等模式。使用个性化的教学方法，实现更高频的活动，组织学生统一学习门户，让教学管理更加轻松，学习方式更加灵活。

（二）优化平台课程资源

首先要强化平台的建设，在现有互联网经济如此发达的背景下，高校完全可以和互联网平台展开合作，比如和阿里巴巴、腾讯等大平台合作，一方面建设互联网＋云平台，通过云平台整合各类课程资源，实现移动教学。另一方面针对思政课程的特点，开发相关的应用小程序，比如高校自己开发微信公众号，为学习者创设思政语言情境，增加教学的感染力，鼓励学生积极参与。

在平台资源的选择上，高校要广泛利用网络资源，做好语言素材的分类，选择大量真实的资料，激发学生的情感共鸣。比如可以选择情感类内容，对大学生进行移情教育，可以参考复旦大学《全新版世纪高校英语》的读写课程第二册，第三单元，作者讲述如何做到真实自己的内容，创设相关课程资源，引入社会主义核心价值观中的经典故事。考虑到英语原声素材的资料较少，可以对现有的红色经典电影进行翻译，翻译之后用英语表达出来。也可以组织教师和学生按照字幕进行配音，将经典的片段展示出来让学生学习。同时要整合高校英语思政的教学资源，完善教学平台的教学模块、资源模块、交流模块和考核模块，丰富电子教案、阅读材料、视听资源和互动资源，允许学生自己输入语音资料，允许学生录制小视频上传到平台，优秀资源可以作为微课资源予以推广，这样就扩大了课程资源。平台要给学生提供一个英语的思政实践环境，能够组织学生进行各类活动，比如组织一个弘扬社会主义核心价值观的演讲，每个学生都可以做 5 到 10 分钟的演讲。还可以拍摄特色小视频，优秀的视频还可以上传到抖音等平台，比如录制一个优秀传统文化小故事的见闻视频，使用诙谐幽默的英语讲出来。还可以组织一个 My home town 的主题演讲，对应出几个关键词，包括 location, population, Places ofinterest, celebrity, local specialty, change 等，让学生通过对家乡的介绍体会到党的政策的伟大。在云平台上，教师要善于发布各类热点话题引导学生，比如在 FoodCulture 这一课，可以引入最近的热点话题，早餐吃粥和喝牛奶的文化，教师可以进一步引申，让学生对比中国豆浆和西方牛奶早餐等饮食文化的趋势，通过辩论和讨论等教练方式，正确认识传统文化，从而避免对西方文化的盲目崇拜。

（三）推动云平台教学的创新

要实现教学的创新，关键是观念的创新，要打破传统应试教育的观念，努力让传统课堂向云平台转移，将课内教学与课外教学结合起来，引入多种教学模式和教学方法。比如在高校英语思政课堂上推广翻转课堂等教学模式，教师布置任务，学生在课前复习后，在课上进行讨论。同时英语课程和思政课程也要进行改革，英语课程方面要本着实用化的原则，培养学生听说读写能力，而不是培养考试机器。思政课程方面要摒弃一些理论教条，更多地引入与时俱进的内容，引发学生的热烈讨论和深刻思考。比如在传统文化方面，也要与时俱进，探讨传统文化在现代的价值与意义，可以结合郑和下西洋的部分让学生们讨论为何我国当前高度重视海权，在海军建设上投入了大量的精力。在利用云平台教学上，要注重思维的创新，教学善于利用现有的资源进行改造。比如介绍西方奥林匹克运动史的过程中，可以加入中国武术的部分，将名人的视频进行英语翻译，让每个人学生根据视频内容进行中国优秀文化介绍，这样英语的实用性大大增强，也起到了民族文化展示的作用。教师要善于走出课堂，从云平台的角度出发进行教学设计，比如利用云平台开展大型英语课程实践活动，让学生通过各种方法用英语讲好中国故事，可以通过英语戏剧表演等方法让学生充分发挥主观能动性。同时，还可以利用平台和外企展开合作，共同进行思想政治教育和社会实践活动，增加参与度。

要更好地发挥云平台在高校英语课程思政中的作用，就要转变教学观念，创新教学模式，改善教学方法，革新教学体系，整合各类平台资源，不断推动教学的创新，提升课程思政的实效性，更好地弘扬民族文化，建立文化自信，提高高校英语课程思政的质量。

第三节　微课在高等院校英语课程思政教学中的应用

关于课程思政教学在高等院校的渗入明显具有一定的有利条件，学生在学习过程中通过传统文化与西方文化差异的比较，不仅能有一定辨别真理的能力，还可以提高自身的文化自信力。在课堂教学中，教师可以使用微课，这一有效的教学方法，可以通过视频、图片，直接将课程思政的内容凸显，使得英语课程在思政教育渗透中发挥积极作用。

一、微课的内涵

微课是一种由视频作为载体，围绕某个教学知识点、概念或教学环节而进行的相对简短而完整的教学方式。以碎片化的"微"型知识点为基本特征。其核心组成内容既包括课堂教学视频，同时还包括相关的教学设计、课件、课后反思练习等辅助性的教学资源。

二、英语微课的设计应用原则

（1）实践性原则。教育部高教司公布的《高等院校英语课程教学要求》确定我们国家当前高等院校英语教学的目标是"培养学生英语综合应用能力，尤其是听说能力，使他们在今后学习工作和社会交往中能用英语有效地进行交际……"。英语作为一门工具性学科，学生自主运用知识、实践知识是教师绝不能越俎代庖的一个重要环节。教师在讲解完知识点后，可以采用及时演练或布置任务的方式，让学生对所学的知识点进行充分的巩固与运用。

（2）教学语言标准性原则。课堂上，教师话语是师生间保持沟通交流的主要方式，教师的声音、语速、发音、话语量等因素都会影响课堂效果。美国心理学家 Symonds.P&M 指出，粗糙、尖锐或低沉不清的声音都是不好听的，可直接导致教学的失败。尤其是英语作为一门语言类学科，学生很容易潜移默化地模仿教师语音语调，且在录屏式微课中，学生不能直观地通过教师的表情及身体语言去理解其意思时，教师旁白话语就显得更为重要。

（3）知识碎片化和系统化相结合原则。首先，微课的"微"特点要求其在知识点的设计上不能过于繁杂，一堂微课只围绕一个教学知识点展开，是大化小、复杂化简单的过程。但教师在设计时，需注意知识的碎片化并不等于知识的片面化。

三、微课在高等院校英语课程思政课堂中的应用优势

（一）提供了丰富的教学资源

高校在立德树人的教育要求下，需要教师熟悉构建和开展课程思政内容。大学生实际的学习工具以书本为主，而书中内容带有一定的局限性，无法与课程思政教育有效结合，所以微课在高校教学中有了明显的优势。微课的画面多样，形象生动，能够更好地连接英语知识与课程思政，所以为英语课堂思政教育的渗入表现了良好的作用。在微课中，教师能够利用互联网资源，查询多种实用素材，还能分享其他高校的经典成效案例。这种整合性教学工具，就充分体现了微课在英语课程思政的优势。

（二）深化了高等院校英语课堂思政教育的成效

这种在高校英语教学中渗入课程思政教育的尝试，深化了高校英语教学的成效，如在"互联网＋教育"背景下，大量新颖的教学模式蜂拥而上并得到了有效推广，微课的使用调节了课堂气氛、使学生学会积极发言、积极思考。若教师再将课程教育从英语课堂中带入学生的实际生活中，还能引起学生关注社会时事、环境危机等。

四、基于微课的高等院校英语课程思政课堂开展策略

（一）立足教材，从教学内容中选取思政教育契合点

微课的选题是由课程教学内容来决定的。高等院校英语课程思政课堂中的教学内容是一个贯穿了点、线、面的整体。这个整体可以利用中华传统文化、当今时事热点、各国发展水平等为思政教育资源主题。微课的单元设计也要有一个特定的主题，要以这个主题为点，再按照学生学习思政教育的这条线，最后成功完成学生积极思考、深入学习的一个"面"。

（二）科学设计，搜集素材制作优质的微课件

在英语课教学时，教师还要学会制作视频，以便将确定的主题和围着这个主

题搜集到的其他资料和素材，利用计算机软件制作电子课件，把搜集的资源制作成一套完整的短视频在课堂上播放。制作课件时，视频需要注意两点：一是视频的内容必须以课程思政为主，二是查找的资料和案例有趣、新颖，足够吸引人。这样不仅能激发学生课程思政的学习兴趣，还能将思政内涵融入英语课程，保证了学生英语学习的目标和任务。因此，设计科学的视频课件，是微课教学所要取得的理想效果，也是提升课程思政开展有效的手段。

（三）启发思考，在课堂中潜移默化完成思政教育

在英语课程思政课堂上，教师要使学生的注意力高度集中，如教师可以在学习"Five Famous Symbols of American Culture"这篇课文时，提前准备两个观看视频，一个可以营造良好的德育氛围，让学生思考视频播放内容与课程内容的相似点并讨论；一个从德育角度出发能使学生对于语言知识和情景理解的输出。学生通过观看视频就能发现与课本内容相关的地方，又包括中国传统文化象征的视频，通过对比，加深理解，使学生产生强烈的爱国之情和文化自信。

（四）创新评价，多元评价模式深化思政教育成果

在实施微课的英语教学模式中融入课程思政教育，教师要根据教学方法、教学内容上的改变来调整教学评价手段，这可以更好地适应微课教学的发展模式，体现课程思政与英语教学相结合的意义。在没有多元的评价模式之前，教师主要以学生课堂上的表现、考试成绩及回答问题的次数来点评学生，缺乏学生对自我的评价。实施微课教学模式后，教师就可以利用课中的5分钟让学生总结本节课的学习。总结的方法可以是互相讨论，也可以自行思考，让学生对思政教育内容加深见解，将理论与实际结合进行。

五、高等院校英语课程思政教学中运用微课的优化建议

（一）英语教师要熟练掌握微课教学模式

在"互联网＋"时代，涌现了微课、慕课等新颖的教学模式，所以我们高校教师要学会这些教学方法的使用，要学习与信息技术相关的内容，同时具有一定的互联网思维，将微课、慕课的教学优势淋漓尽致地发挥出来。例如，高等院校英语教学中，课程思政一个关键点，需要学生寻找教材内容与思政教育的契合点。英语教师利用互联网平台，查询和整理相关的教学资源，然后制作成符合微课教学需要的短视频。因此，英语教师要熟练应用微课教学手段，在课余时间提升自己计算机视频、音频制作，或是接受学校提供的培训机会，学习一些信息技术技

能，加深对微课操作方法的认识。

(二)巧妙选取英语教学与思政教育的结合点

将思政理论的内容直接灌输给学生，或者将高校英语课堂内容与思政教育联系起来，对于当代高校学生来说是不可取的。不仅会引起教学效果的失败，还会使高校学生失去学习的兴趣。所以在英语课堂中，教师在进行知识讲解时要巧妙地找出这两者的结合点和共同之处，引导学生思考提出的问题，而播放微视频就可以营造一种探索、思考的课堂氛围。最后，达到学生主动获取思政教育精髓，更好加深对英语知识的印象和理解。

(三)通过线上与线下渠道与学生保持密切联系

进行英语教学时教师要保证与学生线上和线下有效联系，这样才能使思政教育在基于微课时代的高校英语课堂中激发学生的学习兴趣，再结合时事、热点引发学生的高度关注、升华思政教育的主题。所以教师在准备微课教学素材时，所用的内容必须能和学生产生共鸣，才能保证有效联系，了解学生的学习动机和认知特点。教师为了获得更优质的微课教学内容，一种方法是在课中，增加师生互动的内容，从而掌握学生的思考问题的方式；另一种方法是利用软件，如班级QQ群、微信群等保持与学生在线交流，让学生对微课提出更有参考价值的建议。

在高等院校英语课堂教学中融入思政教育，有两种显而易见的作用。一是完全符合高等院校立德树人的根本任务，这也是其必然选择；二是可以让高校学生拥有良好的品德、积极应对未来，完善和发展自我。微课具有一定推广应用价值，其主要体现在教学模式中。微课的开展让高校英语教学与思政教育有效结合在一起，关系更为密切。同时，也更好地实现了高校英语课程实施的质量，使学生有较高的政治素养和思想觉悟。所以微课的使用不仅对英语教学中有显著的作用，对其他学科的发展也有促进作用。

第六章　高校英语课程思政教学综合评价体系的建构

课程教学是课程思政建设的主战场，课堂教学是课程思政建设的主渠道。教学成效作为课程思政建设流程中的最后一环，是由多因素综合影响而成的复杂现象。评价的目的是以评促教、以评促建、以评促改、以评增效，而不只是为了证实或显示是否在课程教学中融入了思政元素。课程思政教学成效是教学质量检验与评价的重要内容，也是学术研究和管理实践中最薄弱的环节，在评价时应将课程思政要求贯穿课程教学的始终。

第一节　多元化的高校教师课程思政评价体系的建立

在长期的高校英语教学实践中，教师们越来越意识到科学合理的教学评价体系对于英语教学的改善起着重要的作用。首先对于教师来说，教师通过评价体系，能够改进自身教学，保证教学质量，而对于学生来说，更为其调整学习策略，改善学习方法提供了依据。而在教学改革逐渐深入的前提下，学生已经成为教学活动的主导者。因此，学校和教师要树立正确的教学评价观，构建以多种评价形式为基础的高校英语课程思政评价体系，更好地发挥自身作用，更好地促进和帮助教师和学生进行日常的工作和学习。

高校发展课程思政，除了要加强对教师的岗位技能培训，扩展任课教师的知识储备，增强课程思政教学质量，还要建立科学多元的考核评价体系。通过对高校教师定向定量地进行全方位的绩效考核，不但能够为高校进行教学管理提供科学合理的依据，更能激励高校教师不断自我学习，增强本领，促进高校课程思政教学质量的整体提升。

一、教师对于思想政治教育教学实践自我评价

高校教师在进行课程思政教学过程中不能只专注于课本、专注于讲授，更要

学会进行自我反思、自我评价、自我批评、自我改正，通过一系列的自我评价和调整，最终帮助自身达到最理想的教学状态，从而使课堂教学达到最优化和最理想的状态。教师的自我评价要从备课阶段就开始进行，在备课过程中不断对准备的教材、教具、教学课件、教学内容、教学案例等进行考量，判断其是否符合课堂教学，如果不符及时进行更换。在上课之前要先调整自己的心情和状态，使自己提前进入教学状态，要充满正能量和光芒，做学生的小太阳，不能带着不好的情绪进入课堂，不但会影响课堂教学的质量，也容易给学生留下不好的印象。在课程进行当中要时刻关注学生的听课状态，思考自己全身心投入到授课当中是否能够调动学生的兴趣，能否与学生进行实时有效的互动，使学生也充分投入到课堂学习当中。如果学生不能专注于课堂内的事情，这时教师就要反思自己的教学方法是否得当，教学内容是否太刻板无趣，并及时进行调整，提高课程思政教学质量。最后，教师要在课程结束后及时进行课堂教学的自我评价和总结，回顾课堂教学中哪些教学内容和教学方法能够吸引学生，可以进行保留并应用于日后的教学当中；哪些方法和内容是学生不喜爱的，课后进行改进，并不断努力探索和发掘学生喜爱的课堂教学方法，只有提高学生学习的兴趣，让学生自主学习，主动投入到课堂学习当中，才能够充分提高课程思政的教学质量。高校教师要在日常教学中不断进行自我评价和反思，才能够不断激励和鞭策自己，要努力学习专业技能、充实专业知识、提高政治素养，才能够不断进步，成长为一名优秀的课程思政教师人才。

二、他人对高校教师课程思政教学实践的评价

高校教师针对课程思政教学进行的自我评价，是对高校教师的教学实践进行考核和评价的重要一环，但是自我评价的结果往往缺乏客观性和有效性，很多教师在进行自我评价时或许不能够真正意识到自身在教学上的不足，往往是处于"当局者迷"的状态。因此，健全高校教师教学实践的考核评价机制，通过参考他人对高校教师课程思政教学实践的评价，能够更加公平、客观地对教学行为进行考核，帮助对教师的教学绩效进行核定，同时也能够促进教师的发展，激发教学的动力，提高课程思政教学质量。

一方面，要充分参考和吸收学生对教师的评价。作为课堂教学的主体，学生能够始终参与到课堂教学当中，对于教师的教学质量有着切身的深刻体会，通过收集学生的综合评价，可以对教师的课堂教学进行整体的考察和考量。从学生的反馈，可以对教师的风貌、素养、师德、教风等进行全面的、整体的评价和考

核，通过对比考核标准，判断教师的教学实践是否符合高校教学的整体要求，从而在细节上对教师的教学情况进行了解和把握。

另一方面，高校要健全听课制度，通过邀请学院领导、教务领导、团委领导等进行定期的检查听课或者随机式听课，能够充分考查教师对于教学知识的积累、教学技能的运用以及对于课堂的把握程度，同时，也可以进行有针对性的选取某些课程进行专门的考查。听课人员要通过听课，及时记录自己的见解和意见，若发现的问题影响不大，可在课后与任课教师进行沟通和反馈，若发现教师有严重违反课堂教学规定的行为，则要向有关部门进行反馈。评价结果公正与否、是否客观，关系的考核的最终结果，也关系到对高校教师的奖惩，因此，在评价过程中所有参评人员要始终保持公正公开，才能够为高校教师课程思政教学实践的评价和考核提供客观、有效的参考。

（一）涵盖多元化的课堂教学评价要素

建立科学多元的考核评价体系，除了要注意参考不同人员对于课堂教学的评价，更要涵盖多元化的课堂教学评价要素，通过对不同要素进行量化考核，能够对高校教师的整体素质进行有效把握，同时也能够对高校课程思政教学工作的进展及效果进行了解和把握。对教师进行定期的绩效考核，是推动教师综合素质提升，促进高校课程思政发展的重要考核制度。

高校建立的考核评价体系，要根据教育法律法规及相关条例的规定，以及高校教学工作自身的特点进行制定，并充分结合人文因素进行考核和评价。对高校教师的课堂教学进行考核要涵盖教学态度、教学内容、教学方式、教学特色以及教学成果等多个方面的评价要素。对教学态度的评价要注重教师对于课堂教学的重视程度，例如课前准备是否充分、课件制作是否精良、课堂教学是否热情积极、教师是否与学生进行及时的互动等；对教学内容的评价要关注课程教材是否符合教学规定、教学案例是否客观真实、教学内容是否丰富新颖等；对教学方式的评价要关注课程讲授过程是以学生为中心还是以教师为中心、教师是否能够启迪学生思维、教学讲授是否直观易懂、课堂教学是否生动有趣等；对教学特色的评价，要关注课程思政的教学是否依托不同学科进行有针对性的教学、学科知识与思想政治教育内容是否有效融合、课程思政教学中的思想政治教育内容是否体现学科特色等。

综上所述，建立科学多元的考核评价体系，要涵盖多元化的评价要素，对高校教师的课堂教学进行定量或定性的诊断性评价、形成性评价和总结性评价。通过对高校教师进行科学有效的教学评价，能够对教师的日常教学起到督促的作用，也能够激励高校教师不断调整教学行为，提高教学水平，促进高校课程思政教学质量的不断提升。

（二）落实量化考核的奖励激励机制

高校建立科学完善的考核评价体系，通过对高校教师的教学成果和科研成果等进行量化考核，是为了通过公正、客观的考核对教师的工作绩效给予一个科学合理的判定，作为高校对教师进行人事管理的基础，从而为高校教师晋升职务、获得奖励提供一份客观的依据。

落实量化考核的奖励激励机制，首先要明确考核评价的最终目的是通过对高校教师进行奖励和激励，促进高校教师不断学习，提高业务能力和水平，提升工作绩效，促进高校课程思政教学质量的整体提升。其次，要明确考核评价的主体、对象和内容，考核评价的主体也就是高校学院领导、党务领导、教务人员、高校教师以及学生等人员，考核的对象是高校的所有教师，而考核的内容则包含了教师在一定时期内的教学成果和科研成果。最后，要制定科学合理的量化考核体系，确定考核评价的总分数，以及师德师风、教学成果、科研成果等各项指标在评价体系中各占分数比例，通过教师自评和他人评价对教师的各项指标进行评分，综合各项指标得分，获得最终结果，根据评价结果对高校教师进行奖励。

对高校教师的奖励包括为优秀教师颁发荣誉奖章、授予优秀教师先进个人或先进集体称号、宣传优秀教师的教学经验等。通过落实量化考核的奖励激励制度，能够充分提高高校教师发展课程思政教学的积极性和主动性，促进教师不断进行自我提升，通过课堂教学充分实现"立德树人"，切实提升高校课程思政教学质量，促进高校课程思政实现全方位的发展。

第二节　课程思政背景下学生
形成性评价系统的构建

从高校教育体系中看，高校英语具有一定的地位，但是从其科目的发展的现状来看，英语教学的效率急剧下降，在此背景下构建课程思政的形成性评价，就可以积极推动学生的英语学习，使得教师的教学效率有效提高，也就突出了高校英语在总体教育教学中重要性。

有效评价和巩固高校英语教学中思政教育成果，将学生学习效果考核评价从单一的专业维度，向人文素质、社会责任感、团队协作力等多维度延伸。体系由过程性评价和终结性评价构成，在高校英语形成性评价中，增加对学生学习态度、积极情感、助人助学、比赛情况等方面的评价。

一、形成性评价系统的概念与特点

(一)形成性评价的概念

形成性评价(formative asessment)是学生在语言学习过程中完成的任何学习任务，比如开放性问答题、作文、陈述等，教师根据学生的表现提供反馈，帮助学生反思和总结，进一步提高学习成绩或为进一步学习做好准备，主要形式有：随堂提问(cassroomquestioning)、点评式打分(conment-only marking)、同伴及自我评价(peer-and self-asessment)、学习档案评价(portfolio asessment)、课堂观察(lassoom observation)等。形成性评价的目的在于：①检验教学效果，发现在教学中存在的问题，有助于教师调整教学计划，改进教学方法，调整教学进度；②适时了解学生的学习情况，经常性地快速提供反馈信息，使学生清楚自己的优势和薄弱环节，及时调整学习策略，调控学习过程，提高学习效果。

形成性评价的优势表现在：①动态性。形成性评价关注语言学习的过程，记录学生学习的变化发展。取消"一考定终生"，记载学生学习过程中任务完成情况，考量学生的进步。比如写作学习过程中，可以给学生建立一个学习评价档案，将学生的作文从第一篇到最后一篇集中起来，而且每一篇作文从初稿到定稿也保存，可以看出学生从初稿到定稿的变化，从学期初到学期末的发展。这种动态的评价方法遵循事物变化发展的规律；②激励性。形成性评价让学生看到自己的进步，体验成功的喜悦，从而增强了自我效能感和学习动机；同时，学生的考试压力会相对减少，考试焦虑症相对缓和，有利于学生在学习中保持良好的心态；③个性化。形成性评价尊重学生的个体差异，学生看到自己不同任务、不同阶段的变化发展。学生是有着不同认知、情感、生理和社会文化特征的个体，形成性评价以人为本，是实现个体性评价的表现手段；④全面性。形成性评价考量学生在多个学习任务中的表现、在不同学习阶段的成绩，可以比较全面地评价一个学生的学习状况；⑤双向性。形成性评价中教师对学生的任务完成情况适时进行反馈。反馈是对学生任务完成做出的评价，分为积极反馈和消极反馈。积极反馈是对学生在任务中表现的肯定和褒扬；消极反馈分为隐性和显性，目的在于指出学生表现的不足。反馈可以让学生意识到已经取得的成绩和存在的问题，及时调整自己的策略和方法，提高学习效果。在一项评价活动中，如果老师和学生都可以从中得到对自身或同伴进行评价的反馈信息，并据此调整其参与的教学或学习活动，则评价活动就能有助于学习。当评价活动获得的证据确实被用于调整教学方法、满足学习需要时，这样的评价活动即"形成性评价"。

当然形成性评价在实施过程中也会遇到一些问题：①耗时性。教师需要花费大量的时间和精力对每一位学生的诸多学习任务表现进行记载和反馈，这种理想的个体化的评价在大班教学中难以实施；②主观性。因为是针对学生个体的评价，关注该学生不同阶段的发展变化。由于没有将学生个体与个体之间进行比较，这种评价不是基于统一标准的比较，难免具有一定的主观性。

（二）形成性评价的特征

形成性评价因为具有不正式、不量化的特点，所以就测试本身而言，它不像终结性评价那样会引发学生的焦虑。在形成性评价方式和终结性评价方式的研究中，有学者指出比起终结性评价，不给学生量化评分的形成性评价，比如自我管理(Self-regulation)和自我效能(Selfefficacy)的评价更可以激发学生的学习动机。因此，形成性评价机制应该引起教育评价政策制定者的高度重视，因为教育管理部门对课程设置和评价负有更多的责任。在形成性评价与学生学习动机之间关系的研究中，研究者发现形成性评价能够显著提高学生学习英语的主动性，提高学生的英语学习能力。还有研究将授课模式引入到形成性评价和学习动机的关系中来，认为在网络课和面授课结合起来的混合式学习环境中，形成性评价方式可以增加学习者在学习过程中的情感体验，激发学习者的学习兴趣和学习动机。

形成性评价形式多样，内容丰富，教师在教学中可以根据教学对象、教材内容等教育环境因素进行合理的设计和应用。但是，这些形式各不相同的形成性评价有一些共同的基本特征。第一，形成性评价注重教学参与者之间的交流和互动。这种交流可以是师生间的，比如教师引导学生完成评价，或者在评价过程中给予一定的帮助和指导；也可以是学生之间的，比如学生合作的项目式作业，或者学生之间的互评。这种交流和互动本身具有教育价值，也是学习的过程。第二，形成性评价的评价反馈是积极的，具有引导性和启发性。积极的反馈包括对学生做出的努力予以肯定，并针对以后的学习提出努力的方向和改进的建议。第三，形成性评价的评价反馈和评论意见不必正式，但是应该在评价后立刻让学生知道以助其理解和学习，具有即时性。第四，形成性评价的结果具有阶段性、短效性，它不作为评价教师教学或者学生学习效果的工具。形成性评价看重的是评价学生的学习过程，因此教师可以依据其结果纵向比较学生的进步程度，但却不宜横向比较学生之间的成绩优劣。第五，形成性评价的目的是使学生了解自己的学习过程，激发其学习积极性和创造性，因此它具有正面的后续效果，具有建设性。

（三）形成性评价的应用意义

形成性评价在应用上有重要的意义，具体而言可以分为如下几点。第一，对学生的学习活动有重要引导作用，可以提高学生的学习兴趣、培养其自信。教师将学习活动做适当调整，统一规划，使学生针对各个阶段的学习目标正确应对，因此，形成性评价能够促进学生积极参与学习活动。第二，形成性评价的目的是强化学生的学习。在整个教学活动开展形成性评价，不仅可以促进教学工作的顺利进行，也可以促进教师对学生的目标不断调整，使学生有更强的学习信心和积极性。第三，形成性评价能够使教师和学生及时发现学习过程中出现的问题，进行及时有效的完善，为改善和纠正学生学习中出现的错误，实施形成性评价更能使学生积极克服学习中出现过的各种问题，迎难而上，这也是学生学习过程提高学习成绩的主要凭证，从而提高学生的学习效率。

二、形成性评价在高等院校课堂英语教学中的应用分析

（一）多维度关注学生课程学习效果

学生的学习效果是课程质量评价的重要指标，对学生学习效果的衡量要从多维度进行，坚持价值塑造与能力培养、知识传授相统一，力求实现显性知识教育与隐性价值观教育的同向同行。这就要求教师在课程目标的确立上，要设立知识、能力、价值观等不同层次的目标，注重学生多方面多维度的发展与成长；在教学过程的实施中，要综合采用讲授、案例分析、问题研讨、小组合作等教学方式，将专业知识与思政元素有机融合，达到润物无声的效果；在学习效果的检验上，要根据课程性质和教学目标，设立知识、能力和价值观多维度的考核重点，在考核方式上打破以知识记忆为主的考试形式，结合小组合作、专题汇报、成果报告等方式对学生的学习成果进行评估，全面体现学生的进步。例如学生每两周完成一个思政主题学习，其在线学习由计算机系统自动评价，线上线下结合的自主和协作学习在课堂上评价完成。评价以学习作品，包括作业练习、项目报告、音视频作品等为主要工具，在教学的各个不同阶段，可需要根据教学内容和重点确定不同的问题和采用不同的评价方式。

（二）充分展示学生的主体地位

在高校英语教学中，形成性评价发挥的最主要优势就是突出了学生的主体地位。学校教师对学生的重视程度，揭示了高校教育系统形成了全面、完善的形成性评价体系，这也是一个由学校领导、教师和学生共同配合生成的教育体系。为

改变传统的高校教育评价体系，各个高校应形成完整、统一的教育评价理念，如教学设计方案，高校一线教师需根据高校教育人才培养目标和现代社会所需要英语专业人才来制定相关教学任务。同时，教师还需要根据学校的教学计划引导学生制定适合自身定位的学习目标和计划，进而为学生提供合理和适用的学习评价体系，帮助学生完成学业。同时，学生在英语学习过程中，教师也要发挥一定的管理作用，为高校学生制定适当的管理标准，该管理标准可以使学生进行自我评价的方式，也可以使学生和学校共同反思，使得学生能够进行正确的评价。除上述几点以外，教师要帮助学生明确学习目标，带领学生挑选适合该阶段学习的相关阅读资料并进行整理，定期组织讨论活动，进一步使学生明确大学中学习英语的目的，学校可以根据教师制定的标准抽查学生的自评，并提出修改意见。

（三）进行自评与互评

高等院校学生使用的评价方式主要是自评和互评，自我评价是一种可以对自我发展起促进作用的评价方式，能够使学生完善自我、超越自我，对自己有全面的认知。通过自我评价高校学生可以认识自己的不足与优点，亦能提高阅读能力和口语表达能力及写作能力。例如，每个单元的教材完结时，教师可以让学生根据单元内容进行自评，并且帮助学生分析出现问题的原因以及帮助学生了解自身的学习态度和习惯还需如何改进。这种结合了鼓励和反思的评价方式，还可以使学校发现过去教学中出现的不足并使学校进行总结及时树立新的教育目标。为完成教育教学目标，高校、教师、学生三者需要通力合作，其中高校需应用合作评价方式，教师需根据学习内容与学生进行沟通，并帮助建立学习档案，学生需配合教师完成教学内容的评价，使得三者构成相互合作的评价体系。如此，学生在学校期间的表现和学习就有一个完整的档案记录，学生可以定期翻看学校收集的学习情况数据库进行积累，帮助自己提升学习。

综上所述，在高校英语教学中使用形成性评价的好处不仅可以提高学生养成良好的学习习惯，还能使高校提高整体教学质量。所以，高校教师更要建立完善的形成性评价体系来规划学生的学习，结合学生的实际学习和生活情况制定高质量的教学设计方案。

三、形成性评价在高等院校英语网络教学中的应用

2020年初的新冠肺炎疫情促使高等院校教学由此前的传统课堂教学模式，全面深刻地向网络教学模式铺开。教学模式的改变虽然令师生都措手不及，但是却给予我们一个前所未有的机会去观察和对比这两种模式。在传统的面授课堂向

网络教学转变的过程中，同时存在三种不同的授课模式。第一种授课模式是完全的传统面授，不借助任何的网络或计算机终端的辅助，采用这种授课模式的教师会将学生带入教室的手机、平板电脑、笔记本电脑等视为对学习的干扰，禁止学生上课期间使用。伴随网络教育的普及，这种单纯的面授课会逐渐减少。第二种授课模式是传统的面授和移动学习平台的混合使用。《高等院校英语课程教学要求(试行)》(2007)中明确提出高等院校英语教学应该采取"大班授课"和"小班操练"相结合、"课堂教学"和"开放式自主学习"相结合、"第一课堂"和"第二课堂"相结合的模式，这会是今后一段时间内高等院校英语教学的主体模式。

第三种教学模式是完全的网络教学，所有的教学活动通过联网的计算机或移动学习终端进行。新冠肺炎疫情中的网络教学属于这种模式，它是真正的虚拟教学。

形成性评价手段在上述三种模式中会呈现不同的效果。面授课中的某些形成性评价无法照搬到网上进行，或者在网络上实施的效果不佳。一般而言，交际性越强的形成性评价活动越适合在面授课中开展。需要批量即时反馈的即时性评价在传统的面授课中无法实现，而借助计算机及网络却可以高效完成。无疑，将面授课和网络课进行结合，形成性评价的特点才会展现得最充分。

(一)由面授课到网络课的形成性评价

形成性评价最初是针对传统的面授课堂提出的，当将其应用到网络教学中时，有一些评价方式变得更加快捷和简便。比如面授课中教师让学生举手投票这个方式，如果在网络教学中进行，学生可以更快速、直观地看到投票的结果。同时，面授课中的形成性评价放到网络中进行，也会产生一些问题。在传统的面授课堂中，沟通和交流是面对面完成的，而网络教学缺少面对面的师生沟通和同伴交流，有些形成性评价方式会给学生带去学习焦虑，影响学习动力。

(二)形成性评价与大数据

科技的发展、网络的普及推动了"基于计算机和互联网的评估"在移动教学平台上的发展和在高等院校英语教学中的广泛应用。这种评估方式给教学活动的开展注入了多元的活力，同时它的方便和快捷也将教师从繁杂的教学评价中解脱出来：一键生成和学生水平相匹配的测试、即时评阅学生的测试、保存学习记录和反馈、学生的错误分析，这些计算机和网络处理过的数据被看成是高效的评价手段且具有突出的时效性。但是，计算机往往不能生成有建设性、启发性的评价反馈，网络课程中生成的大数据也缺乏对被测试学生交际性的关注，所以这些基于大数据的评价不具有形成性评价的特征。

有些研究者对大数据在现有教育评价体系中的作用持乐观态度，认为大数据的应用为传统评价科学性、精准性不足提供了解决方案：大数据推动了数据驱动的教学决策，提供了多方参与评价的途径。但是，基于大数据的评价所产生的问题也同样引起了一些学者的关注。比如王海啸在如何利用大数据进行英语写作教学的研究中提出"教师应能科学合理地利用系统提供的反馈，而不是机械地让这些反馈取代教师的评阅"。在高等院校英语网络教学中，有些教师将移动学习平台生成的形成性评价成绩设置成为该学生学期总成绩中的平时成绩，形成性评价被当作判断学生学习成绩优劣的工具，而不是被用以检测和调整教学活动效果，作为诊断性评价的依据。这样的做法反映出有些教师对形成自己学习性评价存在认识上的误区，同时又过度依赖大数据的高效和便捷。

第三节　高校英语混合式教学中的评价机制研究

高校英语学习除了英语专业的学生需要学习之外，其他高校的大一和大二学生也要学习。这是高校学生的必修课之一，但在学习的过程中出现的问题也不少，这部分学生来自全国各地，英语水平参差不齐，人数众多，对待英语的态度也不一样。同时，许多院校对学生英语学习的课时安排不一样，英语专业的学生课时会有许多课，非专业的学生每周只有1～2课时。非英语专业的学生对英语课时的安排也出现了许多问题，课时的减少，无法满足想学习英语的学生，基础薄弱的学生则更不在意英语的学习。因此，在此情况下，高等院校开设了线上教学。在线课程的开放，则满足了大部分想学习英语的学生，也吸引了对英语学习兴趣低下的学生，所以，这种混合式教学方式在今后是一个较大的发展趋势。

一、考核评估的意义和方式

在高校英语教学中，考核评估是不可或缺的部分，并有重要的地位，这也是所有教学成功和有效的基础。教学评估需要教师制定教学目标和标准，根据目标和标准检测学生的学习情况，在根据其情况评价优缺点，使学生进行改进。英语教学中，评估的方式也有许多，主要是形成性、诊断性和总结性评估。这些评估方式的使用，能快速了解学生的英语基础水平，阶段学习程度及学习前期、中期、后期出现的问题和教学的整体效果。这中间，混合式教学的评估方式与传统教学评估也完全不同，这主要取决于教学方式的不同，所以，在线开放课程的成功，直接由考核评估方式决定。混合式教学考核评估方式与传统课堂考核体系息息相关。因此，不能只使用其中一种考核评估方式，它们各自有自己的弊端和不足，但是将两种评估方式进行有机融合，才能呈现出更全面和更直接的考核评估方式。在建立考核评估方式需要解决的问题主要有：在线内容的呈现，其依据什么来评估学生的；对学生学习时间的监控如何评估；在线学习时学生与学生之间、学生与教师之间产生互动的内容如何设计；如何融合学生线下和线上的检测监测结果。解决上述问题，才能有效利用网络资源，有一个合理且可行的考核评估方式来提高学生的学习积极性。

二、高校英语混合式教学评估的策略

混合式教学的教学设计一般包括前期分析、教学内容的设计、教学实施与教学评价等阶段。而我们应将教学评估这一环节与教学的各个阶段紧密结合起来，设计合理的考核评估方式，并将线上评估和线下评估有机结合起来，从而形成一套完整的评估体系。

（一）线上分类分层评估方式

高校英语学习评估方式需要教师根据教学对象设计在线课程设计，确定教学目标与内容，制定线上和线下教学方法和不同的评估方式。教师对教学对象的前期分析包括了解学生的性格、英语水平、学习兴趣等。因此，必须先建立网上自测系统和多层次的反馈系统，结合课堂口头检测对学生进行起点评估，并根据反馈系统和课堂检测的结果对学生进行分层或分组。教师在制作和设计视频时，要结合教学资源安排、单元内容自测及网上考题库来建设，同时要结合学生的个体差异，做好分类分层。教师在进行在线教学时，教学内容的策划必须是完整的，还要保证课堂教学的内容质量必须是相辅相成的，要有一个有效的难度系数，且这个系数是有层次的，使不同程度的学生学习不同的内容。例如，英语学习内容的安排，底子薄弱的学生可以从简单一点的内容开始，底子好的学生则能从难度稍大的内容开始学习，这就保证了不同程度的学生都能选取适合自己学习的内容，学好且学扎实也为课堂教学做好了准备。此外，在英语教学资源平台内容还不能缺少分层设计，这需要教师根据每个单元的自测系统进行安排。自测系统配合配套的分层自测内容，学生可以按顺序进行内容的学习，完成后进入自测系统，如此一来，学生想学习高层次的内容必须先通过低层次的学习。这样的学习和自测方法，不仅能保证学生不走捷径，也能踏实学完教师设计的内容，使学生学完后通过自测再学习其他内容。学生的学习是一个过程，掌握的效果需要在进行自测后才能正确显示。为了使学生有一个完整的线上学习活动，学生还必须进行师生、生生互动平台，参与提问、讨论、一起交流学习心得。为保证学生学习效果，这种分类分层的线上学习和评估，就可以有效避免学生刷课或挂课，使教师节省教学时间，有效进行英语教学。

（二）线下结合传统评估方式

线下评估方式主要在线下课堂中进行。教师可以根据学生的不同类别、层次设计不同的测评活动，例如学习成绩不太好的学生可以设计一些简单的形式，多使用"Yes or no, True or false"等判断题和选择题及陈述题；英语学习基础优秀的学生可以多使用英语写作、分析题等。线下评估也要包括师生课堂互动、学生参与积极性等。教师要组织相应的活动，采取知识竞答、任务实训等方式对学生进行评估。根据学生的综合表现再结合传统的评估方式进行评价。其中传统评价包括建立学生学习档案、评价记录及任务完成情况等。

（三）线上线下评估有机结合

在教学资源平台上，部分教学内容，教师可以在上课过程中就进行检测。具体方法是将部分内容上传到资源平台，这样学生就可以进行线上和线下两种评估，即诊断性评估和形成性评估，达到相互补充、相互监控和相互结合的效果，从而使教师督促学生学习并及时了解学生的学习，完成教学目标。在英语教学一学期结束时，教师要组织学生进行整个学期的考核；一学年结束时，教师还要组织学生进行升学考核，因此学生也要参与网上考核系统、卷面考核与口语面试。这样的评估方式就会更全面、更有效。学生总体的评价就有网上考核成绩、期末卷面成绩和口语面试成绩，以及课中诊断性和形成性评估成绩综合到一起，按一定比例构成学生总体成绩和学分。这种形式多样、综合全面的评估方式非常适合各级学生，有效激励、监控学生学习。需要注意的是，教师要在上课前做好准备工作，安排好各项事宜，需要根据学生的个体差异准备考题。

纵观全局，可以发现高校教师在教学评价方法有一定的先进理念，如混合式教学考核评估，教师从学生的学习目标出发，利用教学评估开展了多种教学思路和方法，这种教学评估是多角度的，且教学内容和步骤新颖不缺乏反向思维和反向设计。这种评价模式形式多样，能够使教师正视传统教学课堂中出现的主观性和单一性评价，同时，课堂教学中互动平台和翻转课堂的利用有效加强了学生与学生、学生与教师之间的互动频率，更好地建立了师生关系和学生互助的作用。

混合式教学考核评价模式除了可以推动教师应用教学资源平台在线进行课程教学，进行自动反馈，进行监测，还能完善线上形成性考核题库，因此这是一个需要教师根据教学经验完善和改进教学评估方式的系统。

参考文献

[1]陈万柏，张耀灿．思想政治教育学原理[M].3 版．北京：高等教育出版社，2015：7.

[2][德]赫尔巴特．普通教育学[M].李其龙，译．北京：人民教育出版社，2015：56—57.

[3][苏联]苏霍姆林斯基，公民的诞生[M].黄之瑞，译．北京：教育科学出版社，2002：34.

[4]祁颖，王霞，高等院校应用英语综合教程 3 教师用书[M].北京高等教育出版社 2014：26.

[5]黄勇．英汉语言文化比较[M].西安：西北工业高等院校出版社，2007.

[6][英]爱德华·泰勒著，连树声译．原始文化[M].上海：上海文艺出版社，1992.

[7]白靖宇．文化与翻译(修订版)[M].北京：中国社会科学出版社，2010

[8]白雅，岳夕茜．语言与语言学研究[M].昆明：云南高等院校出版社，2010.

[9]车军．基于自主学习的有效教学策略研究[M].北京：光明日报出版社，2012.

[10]陈燕．高等院校英语教师专业发展新视角[M].北京：中国政法高等院校出版社，2014.

[11]陈长茂．基础语言学[M].郑州：河南高等院校出版社，1986.

[12]崔长青．英语写作技巧[M].北京：中国书籍出版社，2010.

[13]邓志伟．个性化教学论[M].上海：上海教育出版社，2002.

[14]段忠玉，林静，吴德．翻转课堂模式中的英语案例教学研究[M].北京：中国书籍出版社，2016.

[15]樊永仙．英语教学理论探讨与实践应用[M].北京；冶金工业出版社，2009.

[16]傅铿．文化：人类的镜子[M].上海：上海人民出版社，1990.

[17]高钢．遭遇美国教育[M]．北京：中央广播电视高等院校出版社，2013．

[18][俄]古卡连科著，诸慧芳，梅汉成译．多元文化教育的理论与实践[M]．北京：人民教育出版社，2012．

[19]何广铿．英语教学法教程：理论与实践[M]．广州：暨南高等院校出版社，2011．

[20]何少庆．英语教学策略理论与实践运用[M]．杭州：浙江高等院校出版社，2010．

[21]胡文仲．高等院校基础英语教学［M］．北京：英语教学与研究出版社，2006．

[22]胡壮麟．语言学教程(第3版)[M]．北京：北京高等院校出版社，2007．

[23]丁云举．对提高思想政治教育课教学质量的思考[J]．公安海警学院学报，201(4)：38－41．

[24]孙丽娜，魏珑菲．浅论"实践锻炼法"在德育中的具体应用[J]．佳木斯教育学院学报，201(9)：30，38．

[25]邓卓明，卢景昆．评价高校思政课教学质量的四个维度[J]．中国高等教育，2016(22)：68－70．

[26]张敬源，王娜．外语"课程思政"建设——内涵、原则与路径探析[J]．中国外语，2020(05)．

[27]陈宗博．以"课程思政"为导向的教师队伍构建与提升[J]．课程教育研究，2019(04)．

[28]刘正光，岳曼曼．转变理念、重构内容，落实外语课程思政[J]．外国语，2020(06)

[29]成矫林．以深度教学促进外语课程思政[J]．中国外语，2020(09)

[3]马艳艳，任曙明."经济学原理"课程思政教育实现路径探索[J]．黑龙江教育(高教研究与评估)，2019(06)．

[31] Allen，K. N. &B. D. Friedman. Affective learning：A taxonomy for teaching social work values[J]. Journal of Social Work Values and Ethics，2010(2)：362－364．

[32]Buchori M. Character Building dan Pendidikan Kita [EB/OL]. http：//www. Kompas. Co. id-/kompas-cetak/-0607/26/opini/2836169. Htm，2007．

[33]Lipman M. Moral education，higher-order thinking and philosophy for children[J]. Early Child Development and Care，1995(107)：61－70．

[43]Ryan K. The new moral education[J]. Phi-Delta-Kappan，1986(4)：228
—233.

[35]Shaaban K. A proposed framework for incorporating moral education
into the ESL/EFL classroom [J]. Language，Culture and Curriculum，2005(2)：
201—217.

[36] Thweatt，K. S. & J. S. Wrench. Affective learning：Evolving from
values and planned behaviors to internalization and pervasive behavioral change
[J]. Communication Education，2015(4)：497—499.

[37]Witt，P. L. Pursuing and measuring affective learning objectives[J].
Communication Education，2015(4)：505—507.

[38]敖祖辉，王瑶．高校"课程思政"的价值内核及其实践路径选择研究[J].
黑龙江高教研究，2019(03)：128—132.

[39]陈磊，沈扬，黄波．课程思政建设的价值方向、现实困境及其实践超越
[J]. 学校党建与思想教育，2020(14)：51—53.

[40]丁水芳．协同育人：高校英语"课程思政"教学模式建构研究[J]. 东华理
工大学学报(社会科学版)，2020(01)：67—70.

[41]董勇．论从思政课程到课程思政的价值内涵[J]. 思想政治教育研究，
2018(05)：90—92.

[42]杜震宇，张美玲，乔芳．理工科课程思政的教学评价原则、标准与操作
策略[J]. 思想理论教育，2020(07)：70—74.

[43]高德毅，宗爱东．从思政课程到课程思政：从战略高度构建高校思想政
治教育课程体系[J]. 中国高等教育，2017(01)：43—46.

[44]高燕．课程思政建设的关键问题与解决路径[J]. 中国高等教育，2017
(Z3)：11—14.

[45]韩宪洲．深化"课程思政"建设需要着力把握的几个关键问题[J]. 北京联
合大学学报(人文社会科学版)，2019(02)：1—6+15.

[46]韩宪洲．以"课程思政"推进中国特色社会主义一流大学建设[J]. 中国高
等教育，2018(23)：4—6.

[47]何源．高校专业课教师的课程思政能力表现及其培育路径[J]. 江苏高
教，2019(11)：80—84.

[48]教育部．高等学校课程思政建设指导纲要[R]. 教高〔2020〕3号，2020.

[49]李红梅，鹿存礼．新时代"课程思政"研究：综述与展望[J]. 福建教育学

院学报，2020(01)：10－14＋129.

[5]李志英．高校翻译课程思政教学探索：情感学习理论视角[J]．英语电化教学，2020(04)：22－26＋4.

[51]梁文霞，李锦霞．英语教学中的课程思政实施途径探析[J]．河北青年管理干部学院学报，2020(06)：58－61.

[52]刘建达．课程思政背景下的高校英语课程改革[J]．英语电化教学，2020(06)：38－42.

[53]刘清生．新时代高校教师"课程思政"能力的理性审视[J]．江苏高教，2018(12)：91－93.

[54]刘思阳．"新时代"背景下高校英语"课程思政"教学格局构建[J]．吉林化工学院学报，2020(02)：1－4.

[55]刘尧．中国高等教育评估的问题、对策与发展趋势[J]．高教发展与评估，2006(06)：1－6.

[56]刘奕琳．推进专业课程开展思政教育的探索与思考[J]．学校党建与思想教育，2021(02)：81－83.

[57]陆道坤．课程思政推行中若干核心问题及解决思路—基于专业课程思政的探讨[J]．思想理论教育，2018(03)：64－69.

[58]邱伟光．课程思政的价值意蕴与生成路径[J]．思想理论教育，2017(07)：10－14.

[59]时宇娇．政法类院校公共英语课"课程思政"教学改革探索[J]．学校党建与思想教育，2019(08)：30－32.

[60]谭红岩，郭源源，王娟娟．高校课程思政评估指标体系的构建与改进[J]．教师教育研究，2020(05)：11－15.

[61]谭泽媛．课程思政的内涵探析与机制构建[J]．教育与职业，2020(22)：89－94.

[62]王海威，王伯承．论高校课程思政的核心要义与实践路径[J]．学校党建与思想教育，2018(14)：32－34.

[63]王岳喜．论高校课程思政评价体系的构建[J]．思想理论教育导刊，2020(10)：125－130.

[64]夏元芬．论高校英语课程思政的内在机理与实践路径[J]．湖北经济学院学报(人文社会科学版)，2020(04)：154－157.

[65]杨婧．高校英语课程思政教育的实践研究[J]．英语电化教学，2020

（04）：27－31.

[66]张敬源，王娜.英语"课程思政"建设——内涵、原则与路径探析[J].中国英语，2020(05)：15－20＋29.

[67]张威.高校自然科学课程体现思政价值的意蕴及路径探索[J].国家教育行政学院学报，2018(06)：56－61.

[68]周清波，王长平，王建波，等.结合"课程思政"建设地方高校公选课课程评价体系探索[J].经济师，2021(04)：203＋205.

[69]朱飞.高校课程思政的价值澄明与进路选择[J].思想理论教育，2019(08)：67－72.

[70]龚俊波.教师当永葆教育初心[J].教师教育论坛.2017(2)：86.

[71]安秀梅.《高等院校英语》"课程思政"功能研究[J].教育文化，2018(11)：12－13.

[72]冀淑辛.高等院校英语课堂的思政教育渗透[J].海外英语，2012(22)：20－21.

[73]文秋芳."师生合作评价"："产出导向法"创设的新评价形式[J].英语界，2016(5)：37－43.

[74]慎海雄.不忘初心继续前进[J].瞭望，2016(28)：10－12.

[75]夏文红，何芳.高等院校英语"课程思政"的使命担当[J]人民论坛2019(30)：108－109.

[76]毛璐.高校思想政治教育与当代大学生政治社会化研究[D].长沙：湖南师范大学，2014.

[77]刘明.未成年人思想政治教育中的自我教育问题研究[D].延吉：延边大学，2017.

[78]宋姣杰.大学生咨询辅导及其方法体系研究[D].武汉：华中师范大学，2016.

[79]朱梦洁."课程思政"的探索与实践[D].上海：上海外国语大学，2019.

附录 A

"课程思政"在高校英语教学中的运用研究（学生问卷）

亲爱的同学：

　　您好！非常感谢您能抽出宝贵的时间来完成本次问卷的填写。本次问卷的目的在于了解"课程思政"在高校英语教学中的运用情况。请您在认同的选项前面打勾。本问卷的数据仅仅为课题的完成提供相关信息，除研究者外，不会有任何人接触您的问卷，不涉及学生个人的评价，我将严格保密您的个人信息，并承诺此次调查数据不做它用，您对所有问卷的回答不必有任何顾虑，问卷各题答案没有好坏对错之分，本问卷不记名，希望您能如实填写，谢谢合作！

　　1. 您的性别

　　A. 男　　　　　　　　　　　B. 女

　　2. 您的年级是

　　A. 大一年级　　　　　　　　B. 大二年级

　　C. 大三年级　　　　　　　　D. 大四年级

　　E. 研究生

　　3. 您的专业

　　A. 理工生化医学类　　　　　B. 经管人文社科类

　　4. 您的学校使用的是哪个版本的高校英语教材？

　　A.《新编高校英语》　　　　　B.《新视野高校英语》

　　C.《21 世纪高校英语》　　　 D.《高校英语精读》

　　E.《全新版高校英语》　　　　F.《新一代高校英语》

　　G.《新世纪高校英语》　　　　H.《新通用高校英语》

　　I.《大学体验英语》

　　5. 您认为英语老师在课上浸润的思政内容有必要吗？

　　A. 有必要，给我们积极的思想指导

　　B. 还行，课程学习有这方面的要求，听听也无妨

C. 没必要，实用性和获得感都不强

D. 完全没必要，浪费时间

6. 英语课堂中浸润的思政内容是否对您的"三观"产生了影响？

A. 有影响，能够辩证地看待或汲取西方文化与价值观了

B. 有点影响，在思想或行为上，比起之前有了一定的进步

C. 没有影响，与之前对比，"三观"并没有发生什么变化

D. 其他

7. 您认为英语老师浸润的思政内容与教材知识结合紧密吗？

A. 立足教材，既有深度又有广度

B. 立足教材，只有深度没有广度

C. 立足教材，只有广度没有深度

D. 立足教材，既没深度也没广度

E. 脱离教材，既有深度又有广度

F. 脱离教材，既没深度也没广度

8. 您对英语课上浸润的思政内容感兴趣吗？

A. 非常感兴趣　　　　　　　B. 比较感兴趣

C. 不太感兴趣　　　　　　　D. 完全不感兴趣

9. 您认为高校英语课程思政总体课堂质量如何？

A. 非常好　　　　　　　　　B. 比较好

C. 不太好　　　　　　　　　D. 非常差

10. 您的英语老师在浸润思政内容时，是否有使用多种教学方法？

A. 有，使用的教学方法多样

B. 还好，使用的教学方法适中

C. 没有，使用的教学方法单一

D. 没有关注

11. 您对高校英语课中浸润思政内容有什么好建议？（多选题）

A. 多采取不同的教学方法

B. 多些师生间的互动

C. 多些与课程相关的实践活动

D. 多讲一些新闻时政热点

E. 多和英语教学内容紧密结合

12. 您学习英语的目的是什么？（多选题）

A. 课程学习有这方面要求，所以必须得学

B. 为了修满学分，顺利毕业

C. 为了考四、六级考试，找一份好的工作

D. 为了考雅思、托福，出国留学

E. 为了能不跟团，自由出国旅行

F. 为了更好地了解西方思想，了解中西文化的差异

附录 B

课程思政在高校英语教学中的运用研究
（教师及教学管理层问卷）

老师们：

你们好！您将要完成的问卷是关于"课程思政"在高校英语教学中的运用研究。此研究是为了能更好地了解高校"课程思政"融入高校英语教学实际情况以及提出更好的改进措施。本问卷的数据仅仅为论文的完成提供相关信息，除研究者外，不会有任何人接触您的问卷，我将严格保密您的个人信息。本问卷不记名，希望您能如实填写，感谢您的认真参与，一起为学校教学质量的提高献计献策。

1. 您是否了解课程思政？

A. 非常了解　　　　　　　　B. 比较了解

C. 不太了解　　　　　　　　D. 完全不了解

2. 您认为在高校英语课中浸润思政内容重要吗？

A. 非常重要　　　　　　　　B. 比较重要

C. 不太重要　　　　　　　　D. 完全没有必要

3. 自全国高校思想政治工作会议召开以来，您所在学校对"课程思政"的重视程度有所改变吗？

A. 与之前对比，现在非常重视　　B. 与之前对比，现在比较重视

C. 与之前对比，还是不太重视　　D. 与之前对比，一直都不重视

4. 您所在学校或者院系是否制定了"课程思政"实施细则的相关文件？

A. 已制定尚未出台　　　　　　B. 正在制定中

C. 已制定出台　　　　　　　　D. 没有制定

E. 不清楚

5. 您所在的学校有立项申报课程思政建设相关研究吗？

A. 已出台立项申报通知　　　　B. 正在积极开展中

C. 没有立项申报 　　　　　 D. 不清楚

6. 您是否赞成通识课、专业课程等也有育人功能，履行思想政治教育的育人职责？

　　A. 非常赞成 　　　　　　 B. 比较赞成

　　C. 既不赞成也不反对 　　 D. 不赞成

　　E. 十分反对

7. 您在运用课程思政过程中遇见的具体困难有哪些？（多选题）

　　A. 课程本身难以挖掘思政元素或未能充分挖掘

　　B. 授课过程中难以找到自然切入点，只能僵化结合

　　C. 缺乏思政相关的授课经验和技巧

　　D. 知识体系的更新和时间的把握上还需加强

8. 您认为英语教学中运用"课程思政"的总体难度有多大？

　　A. 难度非常大 　　　　　 B. 难度比较大

　　C. 难度一般 　　　　　　 D. 没有难度

9. 您在授课中是否有意识的融入了思想政治教育的内容？

　　A. 总是 　　　　　　　　 B. 经常

　　C. 偶尔 　　　　　　　　 D. 从不

10. 高校英语浸润思政内容，学生的反馈是怎样的？

　　A. 反馈非常好 　　　　　 B. 反馈比较好

　　C. 反馈不太好 　　　　　 D. 反馈非常差

11. 在高校英语课程思政教学改革中，您需要获取什么帮助？（多选题）

　　A. 挖掘和浸润思政元素的研讨或指导

　　B. 教学方式、方法及手段的学习或研讨

　　C. 参加"课程思政"相关会议培训或专家指导

　　D. 现场观摩优秀示范课的教学过程

　　E. 进行马克思主义理论的学习和培训

12. 您认为高校应为高校英语课程思政建设做出哪些方面的努力？（多选题）

　　A. 学校应该重视加强顶层设计的建设

　　B. 高校教学管理人员实施督促推进

　　C. 完善的课程思政实施相关文件和细则

　　D. 健全对教师的考核评价和激励机制

　　E. 加强宣传引导，使"课程思政"入脑入心

F. 申请"课程思政"专题研究立项

G. 开展"课程思政"专题研讨会、报告会

H. 开办"课程思政"示范课课程选拔、推广

I. 进行"课程思政"优秀教案评选

J. 组织教师参加"课程思政"相关会议或学习培训

K. 开展"课程思政"精品课建设

L. 成立"课程思政"领导工作小组

M. 其他